超お[illegible]い得になった
株と[illegible]産で
1億[illegible]くる！

株-1グランプリ優勝3回のサラリーマンの㊙投資術

東条駿介

ダイヤモンド社

特別付録

株-1グランプリ3年連続優勝!コロナ相場では1カ月で資産を2.3倍にした東条駿介がおススメするアフターコロナ相場で狙う銘柄30

「アフターコロナ相場で儲けたい!」「株価が乱高下して、何を買えばいいのかわからない!」「買いタイミングだと思うけど、買っていい銘柄はどれなのか?」……そんな疑問や悩みを抱えている個人投資家にむけて、株-1グランプリで並み居るプロ投資家を抑えて3年連続優勝を果たした東条駿介が、「これを買いたい」と狙った銘柄を初公開!

特にコロナショックで日経平均株価が大暴落した2020年3月の大逆風の中、資産を1カ月で約2.3倍に増やして優勝したことで、「波乱に強い」と評価され、その銘柄選別眼に注目が集まった東条駿介が狙う銘柄とは……。

＊特別付録は前編と後編に分かれています。袋とじとなっていますので、ハサミ等で気をつけて開けてください。内容については著者が2020年5月末時点で知りえた情報を基にしたものです。投資は自己責任で行ってください。

前編

株価データは2020年6月22日終値　チャート協力：楽天証券MARKETSPEED Ⅱ

東条が狙う銘柄❶

家電量販店トップで日用品の扱いも

ヤマダ電気

(東1・9831)

株価	529円
最低投資金額	5.3万円
PER	18.6倍
PBR	0.73倍
配当利回り	1.89%
優待利回り	1.89%

東条のコメント

店舗では家電だけでなく日用品の扱いも多いことから優待券の自己消費を前提の長期保有向き。売上高と利益水準は高く長期株主優待制度もあり、優待廃止の可能性も低いと見えることから、株価500円台でまずは100株の購入を。

東条が狙う銘柄❷

静岡に強固な地盤で業績は安定

TOKAIホールディングス

(東1・3167)

株価	1,017円
最低投資金額	10.2万円
PER	16.1倍
PBR	2.06倍
配当利回り	2.75%
優待利回り	0.99%

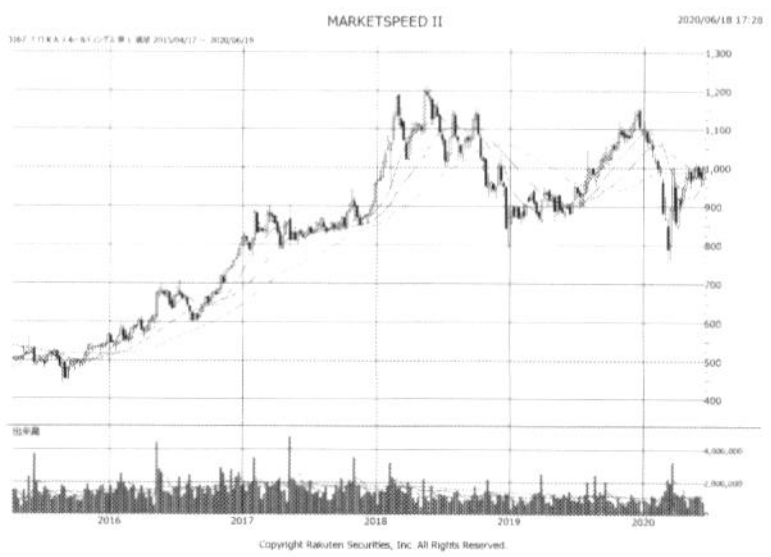

東条のコメント

東海地方でLPガス販売。業績は安定しており過去にも暴落時の株価の戻りも早い。300株で優待利回りが3倍になることから、まずは100株を購入して、もし相場が軟調になったら800円台で100株、700円台で更に100株の追加購入のスタンスで。

※全ての優待利回りは最低単位購入時

東条が狙う銘柄❸

インフラファンドの王道銘柄

タカラレーベン・インフラ投資法人

（東証・9281）

株価	113,800円
最低投資金額	11.4万円
PER	17.3倍
PBR	1.18倍
配当利回り	6.35%
優待利回り	―%

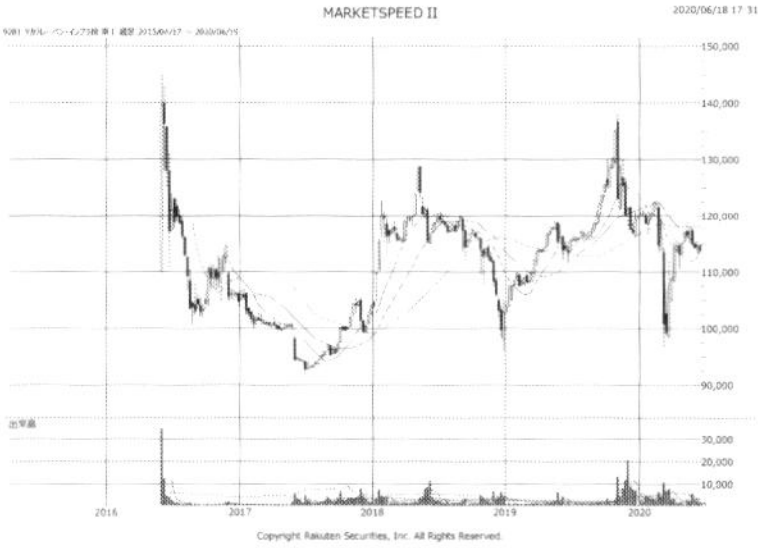

東条のコメント

インフラファンドの王道銘柄。10万円割れがあれば分配金利回り7%超え。無理に上値を追いかけることはなく、再び市場にショックが起きて暴落した時などに狙いたい銘柄。下値を粘り強く指値で放置のスタンスで。

東条が狙う銘柄❹

太陽光発電メインのインフラファンド

日本再生可能エネルギーインフラ投資法人

（東証・9283）

株価	101,400円
最低投資金額	10.2万円
PER	25.7倍
PBR	1.10倍
配当利回り	6.48%
優待利回り	―%

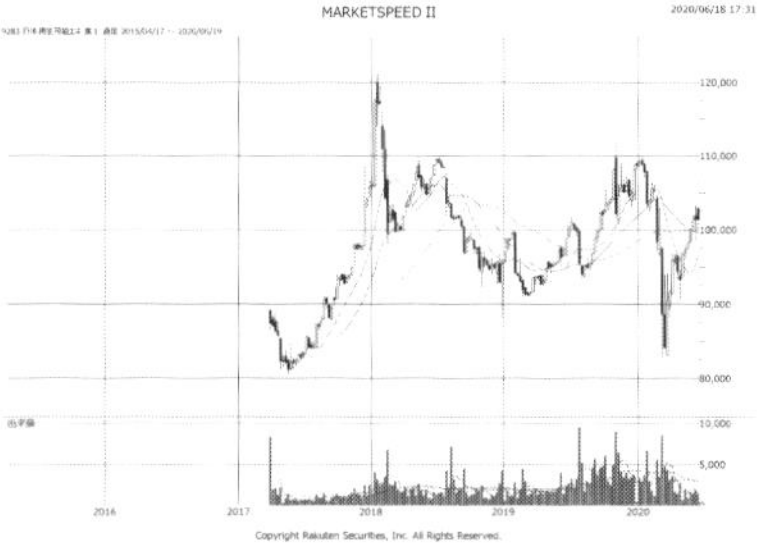

東条のコメント

インフラファンドの安定した分配金は魅力。値動きをウオッチして10万円を割ったら投資を検討したいが、理想は利回り7%超えの9万2500円くらいの購入がベスト。分散投資の投資先の1つとして。

東条が狙う銘柄❺

ビジネスホテルチェーン大手

ワシントンホテル

(東2・4691)

株価	797円
最低投資金額	8.0万円
PER	21.5倍
PBR	0.67倍
配当利回り	2.63%
優待利回り	最大25%

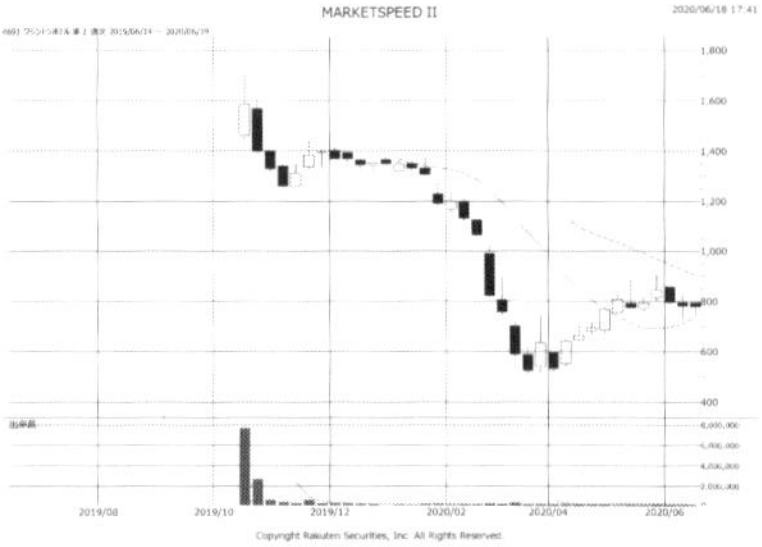

東条のコメント

ワシントンホテルやR&Bなどのブランド力や営業力などから、コロナ騒動が終息を見せてくれれば株価1000円はつけるとの判断。インバウンド戻れば公開価格まで。株主優待の自社利用券が自己消費できればなおよし。

東条が狙う銘柄❻

都内の投資用マンション開発で成長

ディア・ライフ

(東1・3245)

株価	495円
最低投資金額	5.0万円
PER	8.3倍
PBR	1.48倍
配当利回り	5.45%
優待利回り	500株で1.3%

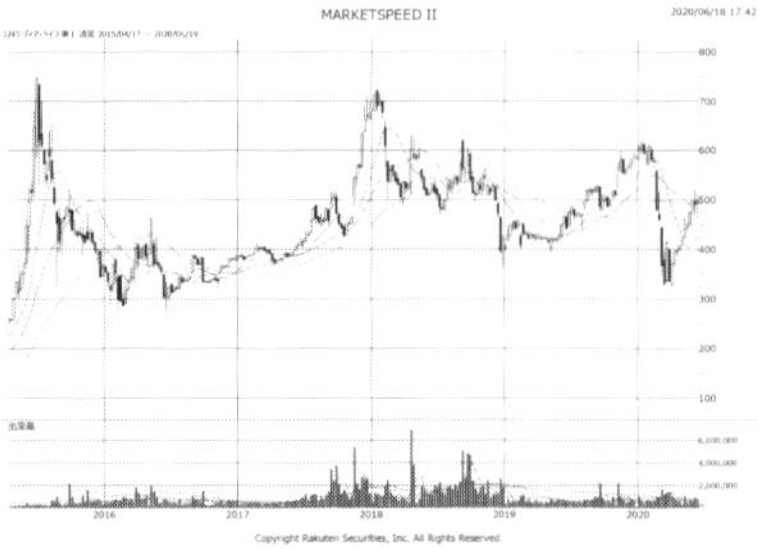

東条のコメント

高配当銘柄として株価500円以下、理想は450円以下で買う。優待については最低500株保有が必要となり、優待利回り1.3%しかないことから固執する必要はなく、配当金狙いのみで。

東条が狙う銘柄⑦

TOB待ちの思惑含みで

セコニック

(東2・7758)

株価	887円
最低投資金額	8.9万円
PER	ー倍
PBR	0.29倍
配当利回り	2.25%
優待利回り	ー%

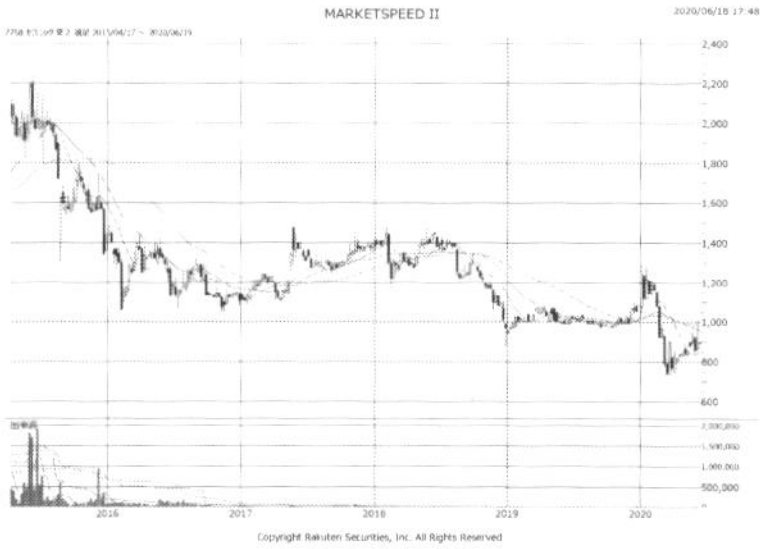

東条のコメント

株価1000円割れだとPBRは約0.3倍。時価総額と同レベルの現金同等物を保有。ここは上場廃止のTOBを待つ思惑をもって100株を購入して、配当をもらいつつ放置のスタンスで。

東条が狙う銘柄⑧

高配当建設株

日本国土開発

(東1・1887)

株価	561円
最低投資金額	5.7万円
PER	4.0倍
PBR	0.76倍
配当利回り	5.70%
優待利回り	ー%

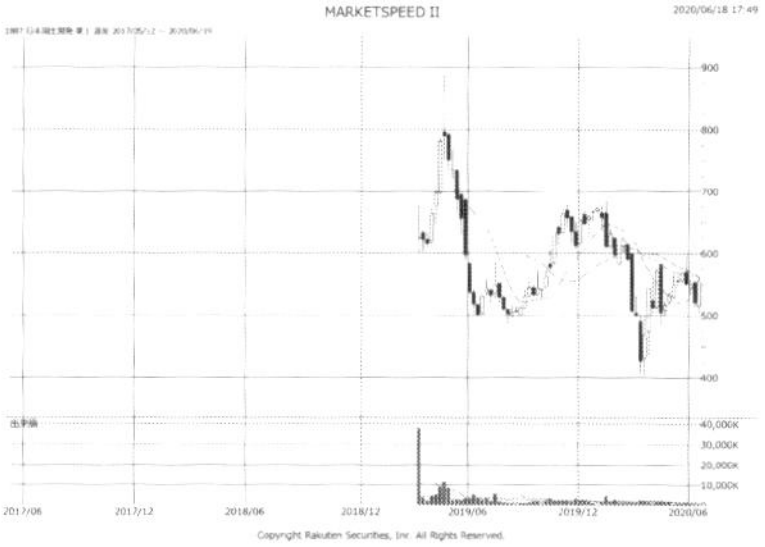

東条のコメント

高配当銘柄の一角。理想は500円割れでの投資だが、配当利回り5%超を意識して560円前後でも。一度は破綻して会社を更生してからの再上場後なので財務体質も比較的良好。

東条が狙う銘柄⑨

進学塾大手の一角で「早稲アカ」で有名

早稲田アカデミー

(東1・4718)

株価	911円
最低投資金額	9.2万円
PER	18.6倍
PBR	1.75倍
配当利回り	2.20%
優待利回り	7.68%

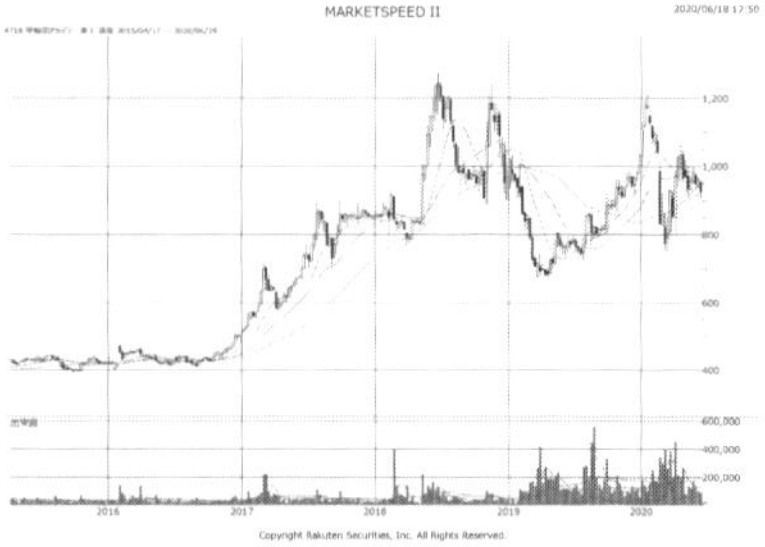

東条のコメント

首都圏でSAPIX、四谷大塚、日能研と並ぶ進学塾「早稲田アカデミー」を運営。人気塾のため9月末の優待品の自社で使える金券がヤフオクで高く売れるところは大きい。株価1000円以下であれば購入しておきたい銘柄。

東条が狙う銘柄⑩

注目される5G関連銘柄

原田工業

(東1・6904)

株価	836円
最低投資金額	8.4万円
PER	90.7倍
PBR	1.32倍
配当利回り	0.90%
優待利回り	3.59%

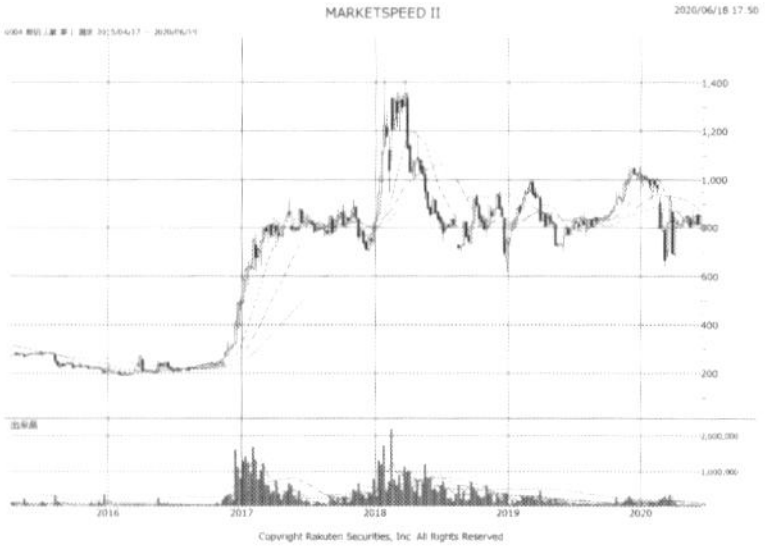

東条のコメント

自動車用アンテナ国内トップ。自動車関連株で株価は弱含みだが、自動車の5G化で長期にアンテナ需要も。100株で保有期間が1年未満で3000円、1年以上で4000円分のQUOカードがもらえる優待も魅力。配当と優待を楽しみに1000円回復を待つ。

東条が狙う銘柄⑪

首都圏から全国へも展開中のマンションデベ準大手

タカラレーベン

(東1・8897)

株価	358円
最低投資金額	3.6万円
PER	7.2倍
PBR	0.76倍
配当利回り	5.31%
優待利回り	100株で米1kg分

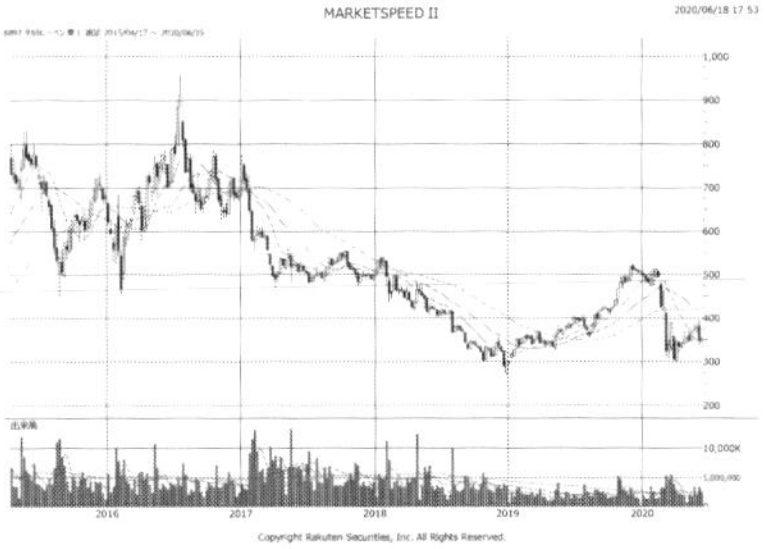

東条のコメント

「レーベン」シリーズのマンションは高額帯がメインの大手とは一線を画し、一定のニーズをつかんでいる。ブランドも育ち、株価400円割れは成長力やPBRからも安すぎる。減配発表なく優待と配当合わせて5%以上あれば購入に問題がない。

東条が狙う銘柄⑫

親会社のホンダによるTOB狙い

八千代工業

(JQS・7298)

株価	515円
最低投資金額	5.2万円
PER	— 倍
PBR	0.26倍
配当利回り	1.55%
優待利回り	— %

東条のコメント

ホンダの子会社の部品会社で売上の9割がホンダ向け。株価500円台、PBR0.3倍割れの割安放置中。下値不安は限定なので、親子上場廃止に伴うTOB狙いで、まずは100株を保有してポートフォリオに組み込んでおきたい。

東条が狙う銘柄⑬

北海道に強固な地盤で配当は超安定的！

進学会ホールディングス

(東1・9760)

株価	506円
最低投資金額	5.1万円
PER	ー 倍
PBR	0.39倍
配当利回り	2.96%
優待利回り	7.91%

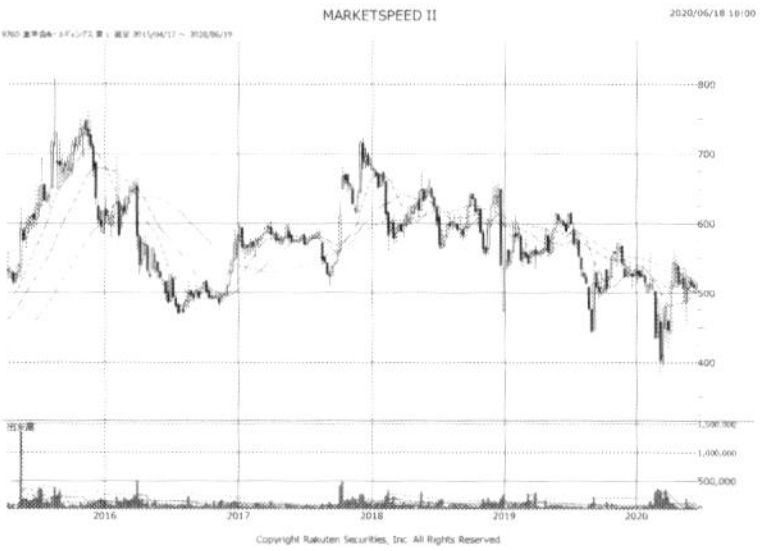

東条のコメント

北海道に強固な地盤を持つ塾で、少子化に対応して多角化も着実に進展。配当は安定しているので、配当利回り3%が意識される500円割れで購入をしたい。高値での購入は避けること。株価が下がらなければ見送りスタンスで。

東条が狙う銘柄⑭

北海道のスーパー3強の一角

イオン北海道

(東1・7512)

株価	805円
最低投資金額	8.1万円
PER	21.9倍
PBR	1.79倍
配当利回り	1.49%
優待利回り	3.11%

東条のコメント

イオングループをよく利用する人なら、優待券の利用を前提にチャートをよくウオッチしてレンジから下がったところで拾いたい。20年3月の経営統合でスケールメリットや合理化による業績向上も期待。

はじめに

「コロナ相場で資産を2倍以上に増やした秘訣は？」

「平凡なサラリーマンだけど、1億円くらい投資で儲けたい」

「こんな株式市況では何を買えばいいの？」

「下がったところを拾って、大きく儲けたいのですが……」

「副業で不動産投資をして、家賃収入を得たい！」


はじめまして。東条駿介と申します。

つい、最近まで都内の某役所で管理職を務めておりました。そう、俗に言うところの公務員になります。

どこにでもいる地方公務員ですが、なぜか株式投資家のあいだでは、すでに名前が知れ渡っているようで、冒頭のような質問や相談がたくさん舞い込んでくるのです。

実は公務員をしつつプライベートでは投資で2億円超を稼ぎました。

ただ、その実績は職場では内緒にしていたので、おそらく大胆にもこの名前で、毎週月曜日に連載している夕刊フジの**「株-1グランプリ」で、2018年、2019年、2020年の3年連続、3回も月間チャンピオンとなり、**決勝戦のファイナリストまで残ったので名前が売れてしまったのでしょう。

特に未知の新型コロナウイルスへの恐怖でパニック相場となり、世界中の株式市場が大波乱を演じた2020年3月の株-1グランプリでは、プロ投資家が苦戦する大暴落相場を横目に、1カ月で資産を126・9%増（約2・3倍）にしたことで、「波乱相場に強い」という評価を頂いたのも影響していると思います。

暴落をチャンスに変えて2億円つくった投資ノウハウがあります！

思い起こせば、ITバブル崩壊、リーマンショック、東日本大震災の時など、経済史に残る大暴落を経験してきました。でも、そこで諦めず、**裏ワザとも言えるような新たな投資ワザを取得したり、不動産投資に展開して家賃収入を得るようになったりして、その都度、乗り越え、さらに波乱をチャンスに変えてきたことで、今の2億円超の財産がある**のです。

ですから、それなりに「暴落を生き残ってきた」「波乱相場の後の対処法を知っている」という自負もあります。

そこでコロナ騒動の後に投資で儲けるためのノウハウを詰め込んだ本書を書くことになったのです。でも、じつは2019年の秋頃から「投資で2億円も稼いだ公務員がいる」と噂を聞きつけた編集者から「東条さんと同じような公務員やサラリーマン向けの投資のノウハウ本を書いてほしい」とリクエストされていたのです。

真面目にコツコツと働いても、贅沢な暮らしをできるわけでもない。地頭はいいはずなのに、投資の知識が不足しているためにまとまった資産をつくることもできない――そんな後輩たちのために、私のノウハウをすべて公開するつもりで筆を取りました。

私が考える投資の目的とは「ゆとりある人生を過ごす」手段としてのお金を稼ぐことですが、公務員やサラリーマンこそ投資で稼いでほしいと心の底から願っています。

ですが、2012末から続くアベノミクスで、割安だった株は割高になってしまうし、不動産投資の世界では物件価格が上昇して、とても素人が手を出せる状態ではなくなっており、「今から買いましょう」とはなかなか書くことができなくて筆が止まっていたのです。

特に不動産では、ビギナー大家さんが「自分も家賃収入が欲しい」と欲を出し、そこを業者に付け込まれてアパート投資したり、シェアハウス投資をしたりして、取返しのつかない大損をしてしまったような事件が発生する過熱状況だったので、「ここは冷静になるべき。まだ投資をおススメするタイミングじゃない」と判断していたのです。

実際、私も2016年くらいからリーマンショックの後に購入した高配当株や、割安な投資用不動産を売却して、値上がり益を確保したりしていていました。「今は利益確定の時期」と捉えて行動していたのです。

コロナで相場はリセット、素人にもチャンスが巡ってきた！

そこにコロナショックが襲ってきました。株式市場も不動産市場も、長らく続いたアベノミクス相場はリセットされました。割安な株や投げ売りされた不動産も散見されるようになり、**素人投資家であるサラリーマンや公務員にチャンスが巡ってきた**のです。

コロナ騒動で安定性がいかに優位か、恵まれているかを実感したと思います。安定収入は強力な武器。これに株と小遣い稼ぎと不動産の掛け算で資産を作るのです。

本書は投資の本ですが、一発勝負ではなく、安定収入＋小遣い稼ぎ＋株＋不動産で5年後、10年後、20年後、30年後を視野に資産つくり1億円を目指すスタンスです。

投資は毎月の積み立てから始めるようなスモールスタートで十分です。大事なのはスモールスタートでいいので、一歩を踏み出すことです。

でも、スモールスタートを侮ることはできません。相場の波に乗ったり、よりアグレッシブになったりすれば雪だるま式に資産はビッグになっていきます。そうすれば1億円は案外と早く達成できるものです。私がそうでしたが、他にもそうやって億に到達した先輩サラリーマン投資家の声も本書では収録しているので、参考にしてほしいと思います。

理解を早めるため、また大事なのは投資の思考法やスタンスであるとの考えで、本書では投資のルールや技術は細かく書きませんでした。基本知識については数多ある投資の教科書に譲っています。同様に銘柄の探し方とか、会社の分析方法とか、やはり難しいので、配当や優待などのわかりやすい指標でスクリーニングすることをおススメしています。それでも、「自分では選べない」という声が多いので、**私が選んだ30銘柄**を特別に袋とじの付録で教えているので参考にしてほしいと思います。

株-1グランプリ3度優勝した東条のおススメ銘柄30を初公開!

もちろん、この銘柄はサラリーマンや公務員でなくても誰でも買えるので、本書を**東条の銘柄本だと思って楽しんでもらっても構いません。**

株1グランプリのファンなら、私が3月の大混乱していた相場の中で、プロ投資家やプロのアナリストを抑えて資産を約2・3倍に増やして優勝したように、混乱相場に強かったのを記憶にあると思います。「あの株-1グランプリを3度も優勝した東条が狙っている銘柄か」と思って参考にしてもらえればと思います。

コロナ騒動は単なる不景気や天災による波乱相場ではないので、不透明なことが多すぎます。第二波、第三波による混乱、海外からの影響、悪化した米中関係からの影響など、リスクはいくらでも想定できます。こんな波乱相場では急騰する銘柄に飛び乗り（買い）、利益が確保できたら飛び降りる（売る）という短期トレードも効果的です。実際、私が資産を約２・３倍にして優勝した株-1グランプリ２０２０年３月はそうした手法に近いと思います。

しかし、印刷や流通でタイムラグのある書籍となれば短期急騰銘柄ばかりを推奨するわけにもいきません。本書の「公務員やサラリーマンが人生を豊にするために投資で1億円をつくる」といったコンセプトに沿って、魅力的なバリュー株を中心に取り上げました。

投資に関する考えやノウハウは千差万別です。当然、「東条の投資方針は合わない」といった意見が出るのも覚悟しております。でも、私は2億円以上稼いだ実績、株-1グランプリ3度の優勝実績、数々の大暴落を生き抜いてきた実績があるので、自信を持って皆様に披露いたします。

何よりも投資の目的は「人生を豊に、ゆとりある人生を過ごすため」であると確信しております。その特権は一部のデイトレーダーや、テレビに出てくるようなすご腕投資家だけのものではないはずです。実際、普通の公務員であった私が2億円を稼げたのです。普通な人が稼げないはずありません。

本書には普通な人が、投資で尊い目的を達成するためのサポート役になれるようにノウハウを書き、銘柄を選びました。本書が皆様の財産形成にお役に立てば幸いです。

東条駿介

＊本書は2020年5月時点で著者が知りうる情報、制度等を基に作成しております。投資に関しては自己責任で行ってください。本書および本書に登場する情報元を利用してのいかなる損害等について、著者および出版社、制作協力者は一切の責任を負いません。また投資に関する質問や相談は取引先の金融機関や当該の企業へ問い合わせください。

超お買い得になった株と不動産で1億円つくる！　目次

特別付録

株-1グランプリ3年連続優勝！コロナ相場では1カ月で資産を2.3倍にした東条駿介がおススメするアフターコロナ相場で狙う銘柄・前編

はじめに……9

暴落をチャンスに変えて2億円つくったノウハウがあります！……10

コロナで相場はリセット、素人にもチャンスが巡ってきた！……12

株-1グランプリ3度優勝した東条のおススメ銘柄30を初公開！……14

第1章

サラリーマンや公務員がお金を増やすために押さえておくべき鉄則

強みを自覚する

公務員やサラリーマンはお金を安定して増やせる環境にある……24

2馬力を死守する

配偶者の生涯賃金は、1億円の儲けを2回分に匹敵……28

有利な制度はフル活用する

「お金を働かせて増やす」思考を身に着けよう……30

投資より確実な収入増＝小銭を稼ぐ

賃貸経営やヤフオク！は合法……32

小銭が落ちていたら必ず拾え！

クレジットカードのキャンペーンは小遣い稼ぎに絶好の場……35

少額でいいので、「始める」からやってみる

株式投資、不動産投資はスモールスタートで十分……40

あれこれ迷うより小規模で一歩を踏み出す

100万円あれば不動産投資も始められる……42

iDeCoは必ずやる

税金も安くなるiDeCoの利回りは高い！……44

先輩サラリーマン投資家に学ぶ

実録① 副収入でリッチ公務員になり投資の本も出版　JACKさん……49

実録② 投資に成功してアーリーリタイアした高卒公務員　いちろーさん……53

この章のまとめ……56

第2章

暴落をチャンスにする投資術①株式編
コロナショックで狙う銘柄、買い方教えます！

10万円以下の株を買う
高配当・優待銘柄のバスケット買い……58
優待株を資産づくりに積極的に組み入れる
配当より魅力的な優待株は外せない……63
焦らず安く買えるタイミングを追求する
利回りは買った株価で決まるから、「買い値」は大事……65
上昇も下落も25％を一つの売り目標株価とする
2億円つくった東条流の売りタイミングを公開……70
爆上げ銘柄を手に入れる確率を上げる
分散投資はリスク分散と大化け銘柄を持つ第一歩……73
優待利回りをアップさせるための鉄則や裏ワザを知る
配当＋優待の利回りを常に高くする方法……76

優待品を値下がりリスクなし、無料でもらう裏ワザを知る
少し慣れたらチャレンジしたい「優待タダ取り」……79
一般信用を使用して優待を稼ぎまくる
400万円をノーリスクで儲けたコツコツ投資ワザ……85
まるで八百長のような確度で儲かる株式投資術で稼ぐ！
鉄板投資IPOで財をつくる……90
この章のまとめ……100

第3章

暴落をチャンスにする投資術②不動産編
お手頃になった物件に投資して賃貸収入をゲット！

サラリーマン大家で左うちわを目指す
家賃収入でウハウハの賃貸経営術とは？……102
先輩サラリーマン投資家に学ぶ
実録③ リーマンショックを不動産投資で乗り切る　JACKさん……103
職業上の恵まれた身分をフル活用する
有給休暇と土地勘を利用した物件選び術……111

利回りにこだわり安値傾向にある物件を狙う

中古ワンルームを買う……113

「健美家」など賃貸経営専門のサイトを念入りチェック

購入から管理までの流れをつかむ……116

オーナーチェンジ物件からデビュー

店子探しは「次の機会にチャレンジ」でいい……120

年金だけでなく保険としての機能も高める

団信に入り生命保険は解約する……122

不動産投資のリスクの乗り越え方

修繕と空室の発生が2大リスク……123

節税して、税金を取り戻す

給与所得と合算して確定申告で還付を忘れるな！……126

先輩サラリーマン投資家に学ぶ

実録④ 不動産投資の減価償却で合法的に所得を減らし補助金も受給！ 西野さん……128

この章のまとめ……131

第4章
コロナショックをチャンスに変える株式投資
株-1グランプリ優勝者が教える今らか買うべき株

暴落をチャンスに変える
暴落の最中に資産2・3倍を達成した東条流・銘柄選び……134
暴落時に取るべく投資のルールを知る
過去の暴落を振り返って得た教訓とは……137
株と不動産の両輪が資産づくりを継続させる
若いうちに不動産投資をはじめるメリット……140
株-1グランプリ優勝者が買う銘柄
暴落後の投資戦略……146
この章のまとめ……148
おわりに……149

特別付録
株-1グランプリ3年連続優勝！
コロナ相場では1カ月で資産を2・3倍にした東条駿介が
おススメするアフターコロナ相場で狙う銘柄・後編

アイコン● Creative Stall/Vadim Almiev/Shutterstock

第1章

サラリーマンや公務員がお金を増やすために押さえておくべき鉄則

強みを自覚する

公務員やサラリーマンはお金を安定して増やせる環境にある

「株や不動産で大きく儲けたい！」

そういう皆さんの気持ちはよくわかります。本書はそれを実現した私が、そのノウハウを披露する本です。

でも、「はじめに」でも書きましたが、大事なことは「投資で儲ける」のは手段であって、最終ゴール（目的）は「資産をつくって人生にゆとりをもたらすこと」です。

ですから、まずは株や不動産の話をする前に、どのような心構え、思考、投資スタンスでいるべきかをお話しします**（もちろん、袋とじのおススメ銘柄だけを切り取って先に読んでもらってもかまいません）**。

まず、本書がメインの想定読者としている、安定した収入が期待できる人々、とりわけ私がまさに当事者であった公務員について語りたいと思います。

世間のイメージのとおり、公務員は恵まれております。まず、大前提として、一度、就職してしまえば、懲役刑が確定でもしない限りリストラとも無縁です。新型コロナウイルスショック（以下、コロナショック）で日本中に職を失う、または収入が激減する恐怖に怯える声が響く中、「まあ私は大丈夫だろう」と大半の公務員は考えているはずです。

もちろん、「日本の財政状況は厳しいので公務員も安泰じゃない」といった不安の声も昔から何度も何度も聞きました。ですが、それでも安定度でいえば日本で最上位の職であり、具体化もしていない将来のボンヤリとした不安を語るのは生産的ではありません。

「安定志向」というと、若い人の中にはカッコ悪いとイメージする人も少なくありません。景気がいい時期には、起業やフリーランスの働き方がもてはやされました。でも、コロナショックで、安定の強み、ありがたみが再評価されたと思います。

公務員の場合、雇用が保障されるだけではありません。給料は歩合給や実績給が主流の世の中とは無縁で下がることはまずなく、無条件で昇給する職員がほとんどです。ノルマや利益目標等はありませんので、極端な言い方をすれば仕事ができない、あるいは完了しなくても給料はもらえて、しかも年を重ねるだけで昇給していくのです（もちろん仕事ができる人はちゃんと出世するので、昇給のペースも早いです）。

安定雇用であり、収入も右肩上がり――これは**ビクビクしながら生きなくてよくて、長期的視点でライフプランを描ける**ということでもあります。これは本書でこれから説明する投資の思考法、投資手法にとても大事なことです。

あと、一番に恵まれていると私が実感しているのは休暇を取れることです。有給休暇はもちろんのこと、傷病や冠婚葬祭、子どもの看病のための休暇など、様々な休みがあり、ほぼ当然の権利として行使できます。

こうした時間の確保が可能なことは、後述する投資に大きく役立ちます。

もちろん、公務員は恵まれていると言っても、法に触れるようなことをすれば、懲戒免職とはなりますが、それはどの企業でも同じです。実際に、２０１９年の秋のインターネット上の調査では、全国の大学1・2年生300人に聞いたところ「将来はここで働きたい」と考えている勤務先は、1位は地方公務員（27・5％）、2位は国家公務員（19・5％）で3位はGoogle日本法人（9・3％）、4位はアマゾンジャパン（6・3％）、5位はLINE（5・5％）でした。調査はまだコロナショック前の就職売り手市場の時です。その時でもこの結果であることから、公務員が恵まれているということを、学生たちも察知しているのではないでしょうか。

規模を問わず、比較的安定した企業や団体等に勤めているサラリーマンも同じです。コロナ騒動の自粛要請から1カ月もたたずに生活苦に陥った自営業やフリーランスの人々がニュースとなっていたのは記憶に新しいと思います。

そうした人々に比べれば、給料が少ないとか上司が厄介だとか不満があったとしても、定期収入があることのありがたみ、強みを実感されたと思います。ですから、ぜひ皆さんにはこの強みを再認識し、活かして大きな資産を築いてほしいと思います。

2馬力を死守する

配偶者の生涯賃金は、1億円の儲け2回分に匹敵

さて、本書は株や不動産でお金を増やすノウハウを紹介する投資の本ですが、あえて先に書かせていただきます。若い世代の人なら当たり前のことかもしれませんが、「2馬力（共稼ぎ）を死守せよ」ということです。

フルタイムの仕事をしていれば、金額にかなりの幅はありますが、一般的には生涯収入として2億円程度は稼げるといわれています。2億円を投資で稼ぐのは並大抵のことではありません。それこそ夢の「億」を2回儲けるのに匹敵します。また夫婦ともに厚生年金が入るとなれば、老後は何もしなくても毎月30万～40万円程度の世帯収入があるケースが多いです。これなら投資で失敗しても生活に困ることはありません。

公務員や大企業勤務なら尚更です。あなたが独身で付き合っている相手がいないなら、相手の容姿なんて二の次、三の次でいいので（笑）、職場結婚を狙うのがいいでしょう。昔から公務員夫婦は最高のカップルといわれてきたのは嘘ではありません。役所でも中には計画的に1年目から職場結婚を狙う人がいます。経済的に安定して、ワンランク上の生活を送れば、多少の夫婦間の不満は吹き飛ぶものです。

結婚後は何があっても奥さんもしくはダンナさんは退職してはいけません。よほどのことがない限り、歯を食いしばって仕事を続けてください。出産を機に辞めたりすると、トータルで1億円以上の減収になりかねません。配偶者が仕事を辞めてもいいのは、あなたが「投資で1億円をつくった時」くらいなのです。

1億円儲ける銘柄を見つけるのは無理でも、生涯で1億円稼ぐ配偶者を見つけ共に歩むのは、実現可能な課題です。まして、あなたが世間一般では「恵まれている」と見られている公務員や安定したサラリーマンなら尚更ではないでしょうか。

有利な制度はフル活用する

「お金を働かせて増やす」思考を身につけよう

繰り返しになりますが、本書は投資の本ですが、最終ゴールは「資産をつくること」です。ですから、まずは株などの前に、リスクをとらない安全資産について説明します。

公務員である私の場合、共済預金というものが重宝しました。これは私が当時、就職した時でも3％以上、2019年4月1日でも年利1・2％（半年複利）です。一般の銀行の定期預金では、何かしらのキャンペーンの優遇金利でさえ0・2％ですから、6倍近い差です。

投資を怖がる職員、「とにかく預金！」という職員は、こちらに全額預ける人がほとんどでした。また、この預金は、給料の定例積立やボーナスからの引き落としの賞与積立以外にも、別途余裕資金がある場合には、臨時に入金できる臨時積立もある優れものです。

実際に相続した土地の売却資金を全て臨時積立していた上司もいました。公務員で銀行に定期預金をしている人は、1円でも多く共済預金に預け替えた方が、得をすることは言うまでもありません。

お金が必要な場合、手続きの締切日までに担当部署に払い出しの申請をし、月1〜2回ある払戻日を待って銀行口座に入金されます。面倒ですよね。でも、これをデメリットだと思うのは早計です。キャッシュカードで気軽に引き出せないので、「つい使ってしまう」がないので貯まるのです。

私の投資家仲間のサラリーマンも、「1円も無駄にしない」という金銭感覚がしっかりした人は、社内預金をフル活用しています。あるいはiDeCoなどを利用していました。「投資で増やしたい」と思うなら、まずは**漫然と銀行に預けておくのではなく、「お金を働かせてお金を増やす」という思考を身につけて、1円でも有利になる制度をフル活用する**ような感覚を身につけましょう。

投資より確実な収入増＝小銭を稼ぐ

賃貸経営やヤフオク！は合法

投資より確実なのが「収入を増やすこと」です。とはいえ今の安定した立場を捨てて起業しろ、などと言うつもりは毛頭ありません。ズバリ、小遣い稼ぎ程度の副業をすればいいのです。

実際、最近、副業を解禁する企業が増えてきています。しかし、公務員（国家公務員および地方公務員）は副業をすることは原則として禁止されています。

国家公務員の副業については、国家公務員法の第１０３条と第１０４条で定められており、営利企業を経営したり役員などの地位に就いたりすることは禁止されています。また営利企業以外の事業で報酬を得て活動するには内閣総理大臣および所轄庁の長の許可が必要になります。地方公務員の副業については、地方公務員法の第38条で定められています。

任命権者の許可を受けなければ、地方公務員は営利企業の経営や役員などの地位の兼務、報酬を得て活動することができません。

国家公務員と地方公務員でややニュアンスが異なるとはいえ、公務員としての仕事以外に副業を持って収入を得ることは原則として禁じられていると解釈されています。

しかし、一般的に私が見て知る限りでは、実家で農業をやっているとか（兼業農家など）、アパートやマンションを数室、管理しているといった公務員（いわゆるサラリーマン大家さん）は、**よほど大規模にやらない限り問題となりません**でした。公務員に向いた不動産経営については第3章で詳述します。

では、サラリーマンの小遣い稼ぎとして、すっかり定着したヤフオク！（ヤフーオークション）はどうでしょう？

結論から言えば、サラリーマンはもちろん、公務員がやっても問題ありません。なぜなら、それは、「不用品販売」といって、あなたの家にある不用なモノをヤフオク！に出品して処分する方法であり、それが結果的にどれだけの高値が付き、多額の売上げを記録したとしても、利益度外視の不用品処分ですから不問になるのです。**実際に私も役所の人事**

部署に確認して「特段、問題ない」との回答をもらっています。

ちなみに、今はやりのメルカリなどフリマアプリの場合、出品者自身で価格を設定する必要があるため、出品価格が明らかに利益を追求した価格になっていると、国家公務員法第１０３条、地方公務員法第38条に抵触する営利目的の行為に該当する恐れもあります。その点、ヤフオク！であれば1円出品が可能ですし、最終的には、その不用品の相場に合った価格になる傾向が強いため、色々と気にせずに不用品販売に取り組むことができます。

とはいえ、ヤフオク！で販売することを目的として商品を仕入れることは、営利目的の行為として、前述の法律に触れることになりますからやめておきましょう。もっとも、もし、明らかに高値で売れるとわかっている商品を入手できる場合でも、あきらめる必要はありません。公務員でない**家族の人にやってもらえば問題がありません。**同様にサラリーマンの場合も、勤務先が副業に神経質な場合は、家族や身内にやってもらうといいでしょう。

ただし、転売を副業として継続的にやっていきたい場合は、その家族や身内に古物営業許可証が必要になりますから、忘れずに最寄りの警察署で申請を行いましょう。くれぐれも違法にならないことが大事です。これは公務員は言うまでもなく、サラリーマンでも同じです。

しかし、最も大事なことは、ちゃんと売れるものを知ることです。

小銭が落ちていたら必ず拾え！

クレジットカードのキャンペーンは小遣い稼ぎに絶好の場

本書で訴えたい、私が一貫して実践していることが**「そこに小銭が落ちていたら必ず拾う」**ということです。足元に1円が落ちていたら拾う、ファストフード店でクーポンがあったら使う、といったことから始まり、数百円、数千円をトクすることなら、必ず実行しようという考えです。「チリも積もれば山となる」とは金言です。実際、**私は本書で紹介する「小銭拾い」を実践して、年間にすると10万円以上の小遣いとなっています。**

さすがに10万円落ちていたら拾いますよね。そして「これがサラリーマン人生の30年続いたら、いくらになるか……」と思考してみてください。

「小銭拾い」という範囲に収まらない小遣いが稼げるのがクレジットカードの活用です。皆さんなら、クレジットカードをおそらく1〜3枚はお持ちだと思います。

自覚がない人もいますが、公務員や安定収入のあるサラリーマンは、クレジットカードの審査に関しては、圧倒的に有利な属性です。おそらく、審査で落ちたという人は、過去に延滞歴があるとか、もしくは既に10枚以上持っていて与信枠が一杯になっているとか特殊な理由がある人です。

フリーランスや自営業の身内などがいないと気付かない人もいるようですが、クレジットカードの審査に落ちる人は少なくありません。クレジットカードの審査の際には、収入の多寡よりも雇用形態の安定度が審査に大きく影響します。

実際、私の投資仲間で億円単位を稼ぐ専業トレーダーは、「億円単位で稼げるということは億円単位の損失を被ることもあり」と判断され、クレジットカードの審査に落ちたと嘆いていました。「証券口座にあるデイトレーダーの1億円より、公務員の500万円にも満たない源泉徴収票の方に信用がある」という噂は事実のようです。

一方、公務員の場合は勤続年数の長さも大きな問題にならず、1年目の公務員でも離職率の低さから審査に問題なく有利になっています。就職3年以内の離職率が、民間企業で約32%なのに対し、公務員が2・7%でしかないからと推測されます。

なお、クレジットカードの申請時において、職場等に在籍確認で電話がありますから（公務員にもあります）、決して嘘の申請はしてはいけません。

あとは、ひたすらおトクなクレジットカードを発見したら申請するのみです。「今入会したら○○ポイント還元」などキャンペーン実施中のカードが該当します。理想はメインカードとして、還元率の高さやマイルの獲得のしやすいカード。セカンドカードとして自分のよく使うお店（ネット含む）での買い物時にトクする流通系が王道です。

ちなみに最近ではこのようなカードがおススメで私自身も一気に2枚申請しました。

忘れてほしくないのは、クレジットカードを申し込む際にはポイントサイト経由か自分のブログなどのアフィリエイト経由で加入することです。たったそれだけで、年会費以上

ポイント還元で消費増税分を取り返す！

おススメのクレジットカード

VISA LINE Payカード

Visa 東京2020オリンピック限定
Visa LINE Payカード
初年度3%還元
VISA
RED LIMITED
BLUE LIMITED

2021年4月末まで何と3%還元。ありえません。一刻も早く作るべき。

リクルートカード JCB

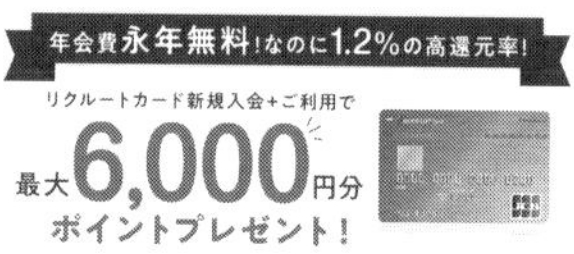
年会費永年無料！なのに1.2%の高還元率！
リクルートカード新規入会+ご利用で
最大6,000円分
ポイントプレゼント！

VISAが使えない場合用に。還元率1.2%。入会後はキャンペーン活用必須！

のお金かポイントを獲得できます。

また、短期間にキャッシュバックやポイント還元狙い等で一気に複数枚のクレジットカードを申し込むことは「多重申し込み」となり、審査で落ちることもありますから避けて下さい。実際にわずか1カ月で10枚も申請した猛者がいましたが、案の定、審査落ちした上にブラックリスト扱いになったと聞いています。堅く考えるなら1カ月で3枚、多くても5枚ぐらいが許容範囲だというのが実感です。

私の場合、カードには「1年目は年会費無料」というカードも多いことから、ポイントやキャンペーン目的で作ったカードは必ず1

クレカ加入もポイントサイト経由がお得！

主なポイントサイト

おススメ度	サイト名	特徴	備考
1位	ハピタス	2007年にドル箱としてサービスを開始し、2012年にハピタスとしてリニューアル。ゲーム等のコンテンツがなくとてもシンプルで、ショッピングの還元率が高くおススメです。毎月抽選がある「ハピタス宝くじ」で3万円のチャンスもある。ポイントが貯まってくるとVISAプリペイドカードポレットが便利。交換する時に0.5%増量され、ポイントタウン、ポイントインカム、ちょびリッチ、Gポイント等も利用可能。●楽天市場1%、Yahoo!ショッピング1%、楽天トラベル0.6%⇒2.1%、じゃらん0.6%⇒4%●1ポイント＝1円　300円から換金	ネットショッピングが得意
2位	モッピー	累計700万人を超える人気サイトです。2005年サービスを開始。携帯サイトとしてスタートしているので携帯アドレスも登録するとポイントが貯まりやすくなります。●楽天市場1%、Yahoo!ショッピング1%、楽天トラベル0.5%⇒2.1%、じゃらん0.5%⇒4%●1ポイント＝1円　300円から換金	ここ数年では人気No.1かと
3位	ECナビ	1999年に懸賞サイトMyIDとしてサービス開始が原点の老舗。2012年よりポイントサイトに転換しています。ショッピングに加え、ポイントを獲得できるコンテンツがたくさんあります。アンケートサイトリサーチパネルでもポイントが貯まります。●楽天市場0.6%、Yahoo!ショッピング0.6%、楽天トラベル0.6%⇒2.1%、じゃらん1.2%⇒2.1%●10ポイント＝1円　300円から換金	ウエルシア薬局を利用する方は必須
4位	ポイントタウン	GMOインターネットグループが運営するポイントサイト。ゲームなどコンテンツが充実しています。ショッピング等の利用回数によるランクボーナスが魅力です。ポイントレートが20ポイント1円なのがマイナス点。●楽天市場1%、Yahoo!ショッピング1%、楽天トラベル1+1=2%、じゃらん2%●20ポイント＝1円　100円から換金	モニター案件に強い
5位	ポイントインカム	会員数300万人、ポイント交換実績10億円以上。サービス利用ポイントに応じてステータスが上がり、還元ポイントとは別に最大7%のボーナスがもらえます。1度ステータスが上がると下がらないのが特長です。●楽天市場1%、Yahoo!ショッピング0.7%⇒1%、楽天トラベル0.2%⇒1.5%、じゃらん1%⇒1.5%●10ポイント＝1円　500円から換金	クレジットカード案件に強い
6位	げん玉	会員数1000万人を超える超人気サイトです。毎日30人に1000円が当たります。ポイント利息、3ティア紹介制度が魅力です。以前は1番におすすめしていましたが、楽天市場が中断され、友達紹介はほとんど対象外になってしまっているためランクダウンしています。●楽天市場なし、Yahoo!ショッピング1%、楽天トラベル500〜2500p、じゃらん1%●10ポイント＝1円　300円からポイント換金	毎日30人に1000円プレンゼントに当選したことがあります

年弱で解約して、その後に新規に3～5枚のカードを作成しています。2年目に突入して年会費が発生するのはバカバカしいので、そうした期限の管理は怠らないようにしてください。

少額でいいので、「始める」からやってみる

株式投資、不動産投資はスモールスタートで十分

手堅い給料をもらっている公務員やサラリーマンならではの投資の考え方やスタンスを紹介します。ポイントを先に述べますが、給料が安定しているから、収入はキープしながら、投資を加えるというものです。また、安定収入があるからこそ、投資では安心してリスクのあることにチャレンジしてハイリターンを狙うのです。

投資家のオフ会などに行き、胸襟を開いて話をしていると、じつはお互い公務員だった

といったシーンが何度もありました。「職場で株や賃貸経営の話ができないからオフ会に来ました」と言うのです。私もその一人ですが、公務の傍らに投資で着実に億の資産を築き、アーリーリタイアしたり、余裕のある生活を送ったりしている公務員が何人もいました。

もちろん民間のサラリーマン投資家も同じです。ですが、私がここで言いたいのは、**短期の一発勝負の投機や、仕事を犠牲にして投資に全力投球するようなサラリーマン投資家を参考にするのではなく、仕事を継続しつつ、手堅く1億円程度の資産を投資でつくる投資スタンスを、成功した先人に学ぼう**ということです。

投資というと多額の資金が必要と思われるかもしれませんが、実態はそんなことはありません。

株式投資であれば今日では5万円もあれば始められます。コロナショックで大幅に下落したので、優良な企業なのに、配当や株主優待で利回りが5%とか6%を超える銘柄、時には10%近い銘柄もあるので、それらを購入しておけば計算上はたとえ**株価が上昇しなくても10〜20年で資産は倍になります。**しかも、私の経験上、そうした高配当の優良銘柄は景気が上向いてきた時には積極的に買われます。ですから**コロナショックの後の安値で買っておけば、10年も待たずに株価が大きく上昇するタイミングが到来する**ので、もっと早いうちに資産が2〜3倍に増えていることが多いです。

あれこれ迷うより小規模で一歩を踏み出す

100万円あれば不動産投資も始められる

100万円くらいの種銭があるなら不動産投資も選択肢になります。

不動産といえばマイホームくらいしか縁がないと、「たったそれだけの金額で?」と思うかもしれませんが、それを頭金にして、銀行ローンを組み合わせてワンルームマンションなどを購入できるのです。

購入後は賃貸に出して、賃料が「管理費+ローン返済額+固定資産税等」を上回るようにしておけば、銀行への返済が終わった暁には、その不動産が財産になります。「他人にローンの返済をしてもらった」状態です。そのまま家賃収入を得てもいいですし、不動産市況を見つつ、売り抜けてもいいでしょう。なお不動産投資については第3章で詳述しますので、そちらをご参照ください。

大事なのはスモールスタートで始めることです。そして、**実際にお金を得ること**です。堅い職業に就いている皆さんに多いのが、リスクを怖がって投資に一歩を踏み出せないタイプです。安定しているがゆえに、「この安定を失うのが怖い」といった不安です。

しかし、**この程度ならゼロになっても人生が狂うことはありません。**念のため申しますと、投資や金融の世界で100％儲かる話はありません。ノーリスクはありえませんし、「濡れ手で粟」のうまい話もありません。逆にこのようなことを記載した広告、あるいは口説きのお誘いのある金融商品は間違いなく詐欺と考えて、絶対に近寄ってはいけません。

高レベルの採用試験を突破した人達においても、ついつい話を聞いて、簡単に騙されてしまう、ある意味金融リテラシーの低さからつけ込まれる人が少なくありませんので、注意が必要です。

iDeCoは必ずやる

税金も安くなるiDeCoの利回りは高い！

本書で紹介する資産づくりの術で、欠かせないのがiDeCoです。株式や不動産で投資をしつつ、その裏側ではしっかりと老後資金をつくるための重要かつ大きな税制優遇がある効率のいい手段（制度）だからです。

本書を手に取る投資に対する意識の高い人なら、そんなことはないかもしれませんが、そもそもiDeCoの意味も読み方さえも知らない人が大半です。実際に私が在籍した職場では私一人しか理解しておりませんでした。また、公務員が利用できるようになってから、私が申し込みをした時、役所全体（1000人規模の組織）では、2番目でした。

公務員だけではありません。付き合いのある民間企業のサラリーマンも、取材に来たフリーランスのライターの人も、（強制加入の企業は除いて）iDeCoを利用する資格があるのに利用していた人は、本書の執筆にあたり10人に聞いてみると1人だけでした。

さすがに、今ではもう少し人数が上がっているかもしれませんが、利用資格のある公務員やサラリーマンが何故に利用しないのか疑問です。

iDeCoを一言でいえば、公的年金にプラスして給付を受けられる私的年金制度の一つです。強制加入の企業を除けば、公務員を含めて加入は任意ですが、本書を読んだ人は東条の薦めのとおり強制加入になります（笑）。

iDeCoについては厚生労働省や証券会社のHPを見れば、一目瞭然でありますが、大事なことだけにポイントに絞ってQ&A方式で記載します。

Q：いつから加入できるのか？

A：60歳未満なら加入できます。強制加入の企業に勤務している人はすでに加入していると思います。それ以外の任意の人は自分で証券会社などにiDeCo専用の口座を開くことからスタートします。公務員の場合、月に最大1万2000円、年間14万4000円しか掛け金を支払うことができませんから、早ければ早い方がいいに越し

iDeCoは節税になる！

課税所得別の節税額

課税所得	税率		節税額
	所得税	住民税	
195万円以下	5%		21,600円
330万円以下	10%		28,800円
695万円以下	20%	10%	**43,200円**
900万円以下	23%		47,520円
1800万円以下	33%		61,920円

※税率などは2020年6月現在

たことはありません。

Q：なぜ、加入するといいの？

A：一言で言うと、**節税の効果が高い**からです。

具体的には、前述した最大で毎月1万2000円、（年間14万4000円）が所得控除の対象となります。例えば課税所得が500万円の人なら、所得税と住民税合わせて4万3200円の節税効果があります（上表参照）。

つまり、投資からのリターンに加え、毎月3600円、年にすると4万3200円も副収入が入ってくると言えるのです。**この金額は1億円を銀行預金に預けた際の利息の20倍以上の額**です。

Q：その他にいいことはあるのか？

A：運用益も非課税という点です。単純に税金分が有利ですし、利益を全額次の運用に回せるので、つまり**「複利運用」でハイリターンが狙える仕組み**だということです。

社内預金や銀行預金、積立型の生命保険あるいは学資保険などでリスクゼロの運用をしているなら、ｉＤｅＣｏは思い切って株式に投資するタイプの商品を選び、ハイリスクハイリターンを狙い、かつ利益も税金ゼロなので総取りするのも手です。

一方で、老後資金くらいはリスクなしで運用したいと思うなら、「元本確保型」という商品を選びます。実質、銀行預金と同じですが、前述のとおり節税分だけでも十分な利回りと言えるでしょう。

私自身は株や不動産でリスクを取っているので、ｉＤｅＣｏではあまりリスクは取らず、でも気持ちリターンを欲しいので、国内債券型の投資信託に全額運用しています。利回りはたいしたことないと思われるかもしれませんが、前述のように税金が安くなる分、それが利益だと思えば銀行の定期預金で老後資金を積み立てるのがバカバカしくなります。

Q：「60歳までおろせない」のはデメリット？

A：その縛りをデメリットととらえる人もいますが、逆に言うと**「必ず老後資金として残る」**というメリットとなります。意志が弱い人は大事な老後資金をついつい途中で使ってしまいがちです。本書で紹介する投資を行う際、「老後資金については、公的年金とｉＤｅＣｏがあるので、ちゃんと確保されている」という**安心感で他の投資ではリスクが取れる**のです。

また、指定銀行口座から自動で引き落とされ、ある意味強制的に運用が継続されるのも意志が弱い人、優柔不断な人に向いています。また、株価が暴落した際も機械的に買い続けるので（手続きをすれば買い止めることもできます）、その後の相場回復時には、**「あの時に安くたくさん買っていた分が儲けの源泉」**となることが多いのです。

先輩サラリーマン投資家に学ぶ

実録❶ 副収入でリッチ公務員になり投資の本も出版

JACKさん

●職業：元地方公務員のサラリーマン　●投資歴：約30年。株で資産をつくり、不動産、FX、仮想通貨などにも手広く投資

――現役サラリーマン投資家として億を稼がれて、投資に関する著作もたくさんありますね。どのようにリッチになられたのですか。

メディアに何度も取り上げられましたが、実際に私は公務員でしたし、公務をこなしつつ、投資をすることでリッチになり早期リタイアできました。

もちろん、公務員だったので制限は厳しかったです。今でこそスマートフォンなどの取引ツールは充実してますが、スマホ登場まではガラケーだったので、株価のチェックさえ難しい状態でした。トイレに行ったついでに株価をチェックして、昼休み中に目立たない場所で証券会社に電話したり、それは大変でした。

従って、週末等に株式銘柄をファンダメンタル面やテクニカル面でチェックしたり、投資書

籍やメルマガの銘柄を参考にしたりして投資をしていました。『株カンニング投資術』という書籍にまとめましたが、勝ち組ブロガーや信頼できるメルマガを探しあて、自分で銘柄を探すよりも、そこに書いてある銘柄から選ぶ、まさに「カンニング投資」も得意でしたよ。「勝ち馬に乗れ」という戦法でこれはとても効率が良い方法です。

転機となったというか爆発的に稼ぐことができたのは、やはり過去の著書でも披露しておりますが、新規公開株（IPO）の売買であります。

――IPOについてもう少し詳しく教えてください。

これは、新たに公開する株を証券会社で申し込みをして、そこで獲得できればあとは上場初日に売却するだけというシンプルな投資術。IPOは人気株なので口座ごとに抽選になるのですが、そうなれば多くの証券会社にたくさん口座を持つことが有利ですよね。でも、ネット証券以外だと、中小や地場（地方）の証券会社とか口座開設ってハードル高いんですよ。でも、公務員だと喜んで口座を作らせてくれたんです。有給休暇がちゃんと取れるので、休暇を取るたびに小さな証券会社を回って口座を開設してきました。

――1回のIPOで1000万円以上儲けることもあったと聞きました。秘訣は。

きっかけは投資家のオフ会で、IPOを獲得するには、「とにかくたくさんの証券会社に応募すること」という大原則をアドバイスしてもらったことです。口座さえ開設されれば、後は「まとまったお金が近々に入る」とか「ボーナスは全額こちらに預けます」というような台詞を言い、ＩＰＯを回してもらいました。

実はＩＰＯはネット証券では抽選していますが、対面の証券会社では大口客や長く付き合ってくれるなど「お得意様」に優先的に回しているのです。「公務員だから簡単にクビにならない」という信頼を勝ち得たんです。もちろん、時には営業マンのノルマを助けるために欲しくもない投資信託など、営業マンに薦められるまま購入したりもしました。ネット証券しか知らない人が増えましたが、濃密な人間関係が効果的なので、これも有給を取って店頭に会い行き、時には客である私の方から手土産を渡すなど努力もしました。

その結果、誰もが知るところの第一生命や日本郵政グループの新規上場時は、数千万円という利益を得ることができました。

――他にはどんな投資をされましたか。

私の場合、ＩＰＯの利益を元に個別株への投資、あるいはＦＸ、そして不動産投資へと展開しました。安定して入る給与が生活費に回せたので不安はなかったです。

皆さんにお伝えしたいのは、投資をすることで得るのはお金だけではなく、投資の知識とスキルだということです。リタイアした今でも退職金には一切手を出さず、投資だけで年収1千万円を平均して稼ぐことができています。

このあたりの株式投資の技や秘訣は『月5万円をコツコツ稼ぐらくらく株式投資術』を参考にして頂ければ幸いです。少々古い著作ですが、まだまだ使える技もあり、実際に私もそのとおり、未だに実践している投資法やら小銭稼ぎ術やらが掲載されています。

また、公務員時代の経験が生きているという面では、とにかく役所では前例踏襲型の仕事が多かったり、他県や他市の真似をすれば失敗しないということから、投資の世界でも成功した投資家の真似をすれば、お金も増えるということを実感したところです。ですからビギナーは、まずは実際に投資で儲けている人の手法を真似することをおススメします。このあたりの成果は前記の『株カンニング投資術』で披露したところなので、こちらも合わせて読んで頂ければ幸いです。

――投資をしてみてよかったことは何ですか。

もう1つ、強く訴えたいこと、それは投資をすることで自分の世界が広くなることです。公務員やサラリーマンは付き合いの幅が狭くなりがちですが、私の場合は投資家仲間を通じて色々な業種の人と知り合いになれました。多くの取材を受けたり本を出したりすることもできました。また、必然的に世界の経済動向もチェックしますので経済通にもなります。アンテナを高く張りますから、世の中のトレンドにも詳しくなります。これらは金銭では測れない価値ですが、とても人生を豊かにしてくれることだと思います。

先輩サラリーマン投資家に学ぶ

実録❷

投資に成功してアーリーリタイアした高卒公務員

いちろーさん

●職業：専業投資家（元地方公務員）　●投資歴：約20年。株で資産をつくり30代で退職

――個人投資家として有名だったいちろーさんですが、じつは元公務員、しかも進学校から高卒で公務員になった経歴があると伺いました。その理由は。

大学受験を諦めたことがきっかけです。せっかく進学校（偏差値71）に入学したのに、入学後は全く勉強しなかったので成績は624人中623番。それで自分の頭に絶望して、大学受験よりも就職を選びました。じつは父も市役所の職員でしたので協力してくれました。その父が、「これ受けろ」と市役所の採用試験の案内用紙を持ってきてくれたのです。

採用試験は1カ月の試験勉強で、無事に合格しました。このあたりは独特な問題が出る、公務員試験の特徴とコツをつかむことがポイントでしょう。複数の自治体に合格したのですが、給料の高さ、自宅からの通勤のしやすさから地元の市役所を選びました。

――公務員生活はいかがでしたか。

自分自身が几帳面な性格なので、市役所や区役所の一般事務は向いていましたよ。やりがいもあったし、高卒でも差別されることなく、そこそこに出世できます。給料も大卒の8割弱はあったし、そんなにひどい差は感じませんでした。

ここから先は不況で苦しんでいる方も多い中、言いにくいのですが、特にお子様の進路の参考にしていただきたいので言います。高卒の就職の中では、給料は高水準で福利厚生も充実、民間企業のようなノルマもないし、福利厚生も年金も充実して一生安泰です。さらには、関連施設で使う結婚式とか葬式とか、とにかくいろいろたくさんの割引もあり、私のいた部署は残業も繁忙月だけでしたから、プライベートも満喫できました。その時間的余裕で投資を勉強したり、研究に時間を割いたりできました。

――株式投資で資産をつくり、それで30代で退職したのですね。

もちろん、そのまま公務員を続けていくことも考えましたが、生活費の補てんのつもりで始めた株式投資が、次に住宅ローンの繰上げ返済ができるまでに利益が出るようになり、さらにどんどん資産が増えるにつれ、「好きなことで生きていけたら人生最高」と思うようになりましてね。それで半年かけて妻、義父母にゆっくり説明と説得をして17年勤めた公務員を退職しました。

ちなみに、退職した2016年は年収595万円。勤続17年目で退職金は約700万円です。公務員なので失業保険はありませんが、十分すぎる待遇だと思っています。

――投資家の視点で「公務員」とは？

この本は「幸福感のある人生を過ごすことが投資の究極の目的」と定義すると聞きました。それなら、1つの案として「高卒で公務員になる」というルートを紹介したいと思います。特に不況の今日、株で数百万円稼ぐよりも自分や家族が「安定収入を得る」身分になることに投資するのはハイリターンな投資かもしれません。では、なぜ高卒か。それは今日の賢い高校生は皆、大学へ進学するから採用試験の競争率が下がるからです。これは私が実証していますし、元高卒公務員として、確証を得ているから言えることです。

ちなみに私の高3の娘は、つい最近高卒公務員試験に落ちましたが、就職浪人してでも来年も受けるようです。それだけの価値はあると思っています。

この章のまとめ

- ▼自分の恵まれた環境を自覚し、最大限守って活用する
- ▼2馬力（共稼ぎ）は投資で1億円の儲け2回分のパワー
- ▼使える制度を確認し、使い倒す
- ▼「お金を働かせてお金を増やす」感覚を身に着ける
- ▼株なら5万円から、不動産なら100万円から、まず投資デビューする
- ▼iDeCoで老後資金を安全・有利に確保
- ▼安定収入を担保に、リスクを取る

第2章

暴落をチャンスにする投資術①株式編

コロナショックで狙う銘柄、買い方教えます!

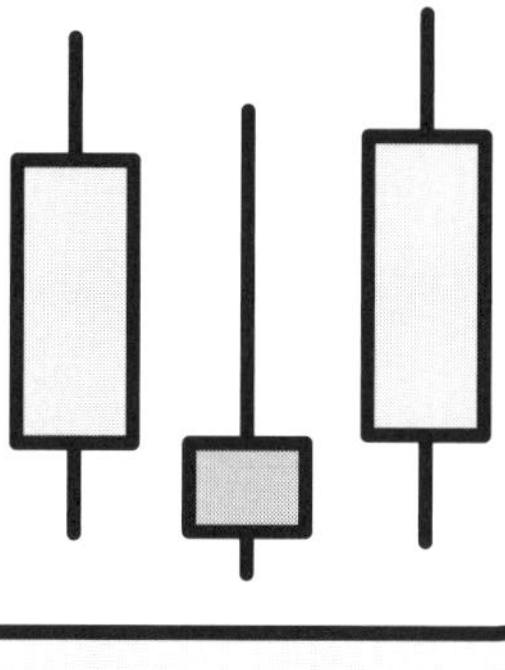

10万円以下の株を買う

高配当・優待銘柄のバスケット買い

株式投資といえばやはり、購入した銘柄の株価が上がるかどうかが最大の鍵となります。問題は具体的にどの銘柄を購入すればいいのか？　という一点になります。

まず、本書の読者におススメしたいのは、配当利回りが5％を超える銘柄になります。仮にその5％の利回りの株を2年保有すれば、ざっくり単純計算で10％、4年保有すれば20％の収益となります（税金等は考慮しない場合）。ですから株価が値上がりしたら、値上がり分も含めて2割以上の儲け、逆にその保有期間中に10％あるいは20％の値下がりがあったとしても、同じだけの配当があるので資産は減らず損失にはなりません。

つまり、ざっくり4年で20％を超える株価の下落がない限り、我々のような投資スタンスでは問題ないと見ていいでしょう。25%や30%以上の値下がりがあって、初めて、それなりの（苦笑）ダメージを受けることになります。

もっとも、自分自身の体感的には、１００万円で買った株が70万円とか60万円まで下がってしまうことはあり得るのですが、10万円の株を10銘柄買って、その10銘柄すべてが一斉に４割下がって、資産が60万円に減ってしまうことは、そうとうなレアケースです。ですから、同じ１００万円分の株を購入するなら、10万円の株を10銘柄購入した方がリスクは低いと判断してます。これは昔から投資の基本とされている「分散投資」ですね（分散投資については73ページも参照してください）。

ただし、ここで問題になるのは、配当利回りが５%以上ある銘柄がどれくらいあるかという点です。それはネット証券会社のスクリーニング機能やヤフーファイナンスなどを使って、簡単に調べることができます。

その結果を次のページの表にまとめます。

順位	コード	市場	銘柄名	株価	1株配当	配当利回り
50	8560	福証	宮崎太陽銀行	890	50	**5.62%**
51	7173	東証1部	東京きらぼしフィナンシャルG	1,069	60	**5.61%**
52	4249	東証1部	森六ホールディングス	1,689	94	**5.57%**
53	3244	東証1部	サムティ	1,481	82	**5.54%**
54	8558	東証1部	東和銀行	722	40	**5.54%**
55	3292	東証	イオンリート	113,500	6,250.00	**5.51%**
56	7731	東証1部	ニコン	1,089	60	**5.51%**
57	8411	東証1部	みずほフィナンシャルG	136.3	7.5	**5.50%**
58	8713	東証1部	フィデアホールディングス	109	6	**5.50%**
59	2429	東証1部	ワールドホールディングス	1,820	99.8	**5.48%**
60	8306	東証1部	三菱ＵＦＪフィナンシャル・Ｇ	457.2	25	**5.47%**
61	8979	東証	スターツプロシード	198,400	10,840.00	**5.46%**
62	8119	東証JQS	三栄コーポレーション	2,962	160	**5.40%**
63	8053	東証1部	住友商事	1,299	70	**5.39%**
64	3248	東証2部	アールエイジ	520	28	**5.38%**
65	7181	東証1部	かんぽ生命保険	1,417	76	**5.36%**
66	8349	東証1部	東北銀行	933	50	**5.36%**
67	1808	東証1部	長谷工コーポレーション	1,308	70	**5.35%**
68	3279	東証	アクティビア・プロパティーズ	370,000	19,810.00	**5.35%**
69	3295	東証	ヒューリックリート	132,400	7,064.00	**5.34%**
70	8308	東証1部	りそなホールディングス	393	21	**5.34%**
71	3473	東証	さくら総合リート	78,000	4,145.14	**5.31%**
72	8968	東証	福岡リート	128,000	6,800.00	**5.31%**
73	8058	東証1部	三菱商事	2,527.50	134	**5.30%**
74	3462	東証	野村不動産マスターファンド	125,500	6,645.00	**5.29%**
75	2174	東証1部	ＧＣＡ	666	35	**5.26%**
76	4705	東証JQS	クリップコーポレーション	760	40	**5.26%**
77	7184	東証1部	富山第一銀行	266	14	**5.26%**
78	1413	東証1部	ヒノキヤグループ	1,716	90	**5.24%**
79	3293	東証JQS	アズマハウス	1,336	70	**5.24%**
80	5020	東証1部	ＪＸＴＧホールディングス	422.9	22	**5.20%**
81	6393	東証1部	油研工業	1,539	80	**5.20%**
82	7711	東証JQS	助川電気工業	558	29	**5.20%**
83	8336	東証1部	武蔵野銀行	1,538	80	**5.20%**
84	1782	東証JQS	常磐開発	4,825	250	**5.18%**
85	1961	東証1部	三機工業	1,351	70	**5.18%**
86	3455	東証	ヘルスケア&メディカル	122,000	6,275.00	**5.14%**
87	5857	東証1部	アサヒホールディングス	2,726	140	**5.14%**
88	7327	東証1部	第四北越フィナンシャルG	2,336	120	**5.14%**
89	5280	東証JQS	ヨシコン	877	45	**5.13%**
90	1814	東証1部	大末建設	782	40	**5.12%**
91	4760	東証JQS	アルファ	1,172	60	**5.12%**
92	3298	東証	インベスコ・オフィス・ジェイリート	15,440	788	**5.10%**
93	1419	東証1部	タマホーム	1,383	70	**5.06%**
94	5949	東証1部	ユニプレス	1,086	55	**5.06%**
95	8133	東証1部	伊藤忠エネクス	869	44	**5.06%**
96	8967	東証	日本ロジスティクスファンド	288,400	14,550.00	**5.05%**
97	9446	東証JQS	サカイホールディングス	496	25	**5.04%**
98	8931	東証2部	和田興産	700	35	**5.00%**

（注）データは2020年5月28日終値時点に入手可能な株価と配当実績・予想より

銀行預金と比較にならない利回りを狙え！

主な高配当銘柄の一覧

順位	コード	市場	銘柄名	株価	1株配当	配当利回り
1	8985	東証	ジャパン・ホテル・リート	44,550	3,690.00	**8.28%**
2	3476	東証	投資法人みらい	38,900	2,960.00	**7.61%**
3	7638	東証JQS	NEW ART HD	678	50	**7.37%**
4	3468	東証	スターアジア不動産	90,400	6,626.00	**7.33%**
5	2914	東証1部	JT	2,161.50	154	**7.12%**
6	3478	東証	森トラスト・ホテルリート	102,000	7,126.00	**6.99%**
7	3451	東証	トーセイ・リート	103,600	7,040.00	**6.80%**
8	8586	東証1部	日立キャピタル	2,221	150	**6.75%**
9	6104	東証1部	芝浦機械	2,413	161.8	**6.71%**
10	3492	東証	タカラレーベン不動産	89,500	6,000.00	**6.70%**
11	6257	東証JQS	藤商事	755	50	**6.62%**
12	3470	東証	マリモ地方創生リート	105,800	6,970.00	**6.59%**
13	3242	東証JQS	アーバネットコーポレーション	305	20	**6.56%**
14	8068	東証1部	菱洋エレクトロ	2,749	180	**6.55%**
15	2971	東証	エスコンジャパンリート	103,700	6,753.00	**6.51%**
16	9434	東証1部	ソフトバンク	1,364	86	**6.30%**
17	8953	東証	日本リテールファンド	144,000	9,000.00	**6.25%**
18	2121	マザーズ	ミクシィ	1,762	110	**6.24%**
19	8887	東証JQS	リベレステ	725	45	**6.21%**
20	3488	東証	ザイマックス・リート	98,900	6,116.00	**6.18%**
21	1873	東証1部	日本ハウスホールディングス	324	20	**6.17%**
22	8964	東証	フロンティア不動産	348,000	21,240.00	**6.10%**
23	8893	東証JQS	新日本建物	362	22	**6.08%**
24	3453	東証	ケネディクス商業リート	197,900	11,990.00	**6.06%**
25	8960	東証	ユナイテッド・アーバン	113,600	6,870.00	**6.05%**
26	8737	東証2部	あかつき本社	282	17	**6.03%**
27	8395	東証1部	佐賀銀行	1,165	70	**6.01%**
28	7523	東証JQS	アールビバン	502	30	**5.98%**
29	1847	東証1部	イチケン	1,507	90	**5.97%**
30	8304	東証1部	あおぞら銀行	2,048	122	**5.96%**
31	8316	東証1部	三井住友フィナンシャルG	3,190	190	**5.96%**
32	8975	東証	いちごオフィスリート	72,900	4,302.00	**5.90%**
33	3245	東証1部	ディア・ライフ	477	28	**5.87%**
34	3287	東証	星野リゾート・リート	451,000	26,480.00	**5.87%**
35	3472	東証	大江戸温泉リート	72,800	4,273.00	**5.87%**
36	7494	東証1部	コナカ	341	20	**5.87%**
37	8709	東証JQS	インヴァスト証券	631	37	**5.86%**
38	9743	東証1部	丹青社	752	44	**5.85%**
39	3486	東証1部	グローバル・リンク・マネジメント	601	35	**5.82%**
40	5210	東証1部	日本山村硝子	860	50	**5.81%**
41	5214	東証1部	日本電気硝子	1,736	100	**5.76%**
42	8961	東証	森トラスト総合リート	132,100	7,608.00	**5.76%**
43	8903	東証JQS	サンウッド	435	25	**5.75%**
44	3290	東証	Oneリート	259,600	14,890.00	**5.74%**
45	3294	東証1部	イーグランド	662	38	**5.74%**
46	7593	東証1部	VTホールディングス	349	20	**5.73%**
47	3459	東証	サムティ・レジデンシャル	98,300	5,610.00	**5.71%**
48	5302	東証1部	日本カーボン	3,500	200	**5.71%**
49	2362	東証JQS	夢真ホールディングス	623	35	**5.62%**

順位は配当利回り下3ケタ以降まで見て比較

リーマンショックの後や東日本大震災の後には、配当利回りが5％以上の銘柄はゴロゴロありました。そして、その都度、こうした銘柄を購入して大成功を収めた投資家が多く出現しました。2020年、コロナショックで割高感のあった株価が下がったので、再び高配当株を買うチャンスが巡ってきたとも言えます。

ただし、この銘柄を黙って選べばいいというものではありません。配当は永遠に約束されたものではないので、次の期はいくら配当が出るのかなど、自分で調べる必要がありま す。特にコロナショックで株価は安くなったものの、今後しばらくは業績も不透明なために配当が従来どおり出ない可能性もそうとう高いです。

本書は株の教科書ではないので、配当の仕組みなど詳しい解説は省きます。そういった仕組みを知りたい人は詳しい入門書をまず読んでみてください。

とはいえ、私は上場している約4000銘柄を自分で調べて高配当銘柄を見つけろ、なんてアドバイスする気は毛頭ありません。**配当銘柄に関しては株式ブロガーさんが散々調べつくして無料でブログやツイッターで情報を公開してくれています。なので、そうしたものをまず見て、その上で自分なりに選んでもいいし、あるいは信用のおけるブロガーやツイッター発信者なら、そのまま乗っかって買うのも悪くない手口です。**このあたりは第

1章で紹介したJACKさんの『株カンニング投資術』に、どのブロガーさんがいいのか、などの情報が載っています。

優待株を資産づくりに積極的に組み入れる

配当より魅力的な優待株は外せない

前述のように、過去の配当を頼りに配当目的で買ったとしても、コロナショックの影響で配当金が想定どおり出るのか否かは不透明です。

ですから配当以外に、日本株特有の株主優待に着目します。**銘柄を分析する時に、「配当金＋優待品」という視線を持つのです**。ちなみに、私は米国、中国、ベトナムなどの外国企業の株式も保有しておりますが、株主優待をもらった記憶はありません。株主優待は日本独特の制度です。一般的に日本企業が株主優待制度を導入する目的は、知名度アップや上場基準に抵触しないように一定の株主数を確保するため、そして何より、株価対策です。

これは前向きにとらえていいと思います。株主優待を行う企業は、株主還元や株価対策に積極的な企業です。進取の精神に富んだ企業も多いです。だからでしょう、**「優待目的で複数の優待株を買って長期保有していると、単に大企業の集まりで構成した日経平均の株価上昇率を上回る投資収益を得られる」**と多くの優待株投資家が証言しています。

中には「コシダカHDやヤーマンなど、優待狙いで買って放置していたら、**知らないうちに株価が5倍とか10倍になっていた**」「優待でもらえるディズニーランドの入場券欲しさにオリエンタルランドの株を買ったら、毎年入場券をもらえる上に、**株価は最高で10倍くらいに上がっていた**」といった喜びの声も聞きます。

以上のことから、優待株は積極的に資産づくりに取り入れるべきだと私は考えます。なので、配当金と株主優待品をあわせて、利回り5％以上ある銘柄にスポットを当てます。

これは、例えば株価1０００円の銘柄で投資額10万円に対して、年間の配当金が３０００円、優待がQUOカード３０００円なら、合計６０００円として、利回り６％となるようなケースです（手数料や税金は除く）。

このあたりは、同じタイミングで配当が無配になり、株主優待も廃止になることは、よほどの業績悪化でもない限り、考えられないところから判断しています。なお、**配当と優待をあわせた場合の推奨銘柄は袋とじをご覧ください。**

焦らず安く買えるタイミングを追求する

利回りは買った株価で決まるから、「買い値」は大事

次のポイントは、銘柄を選定した後は、「いつ株を購入するか」というところです。

「えっ！　10万円以下であれば、下がってもそれほど痛手ではないから怖がるな、って言いましたよね。だからすぐにネット証券で買ってはいけないの？」

という突っ込みがありますが、最低限度、しなければいけないことがあります。

当たり前でありますが、１円でも安く購入することを心掛けなければいけません。

ここで、本書で強く訴えたいことを説明します。

あなたにとっての利回りは「配当金」÷「買い値」だということです（優待利回りの計算でも同じ原理です）。例えば配当金30円のA社も、1000円の時にスクリーニングすれば「利回り3％」と表示されますが、仮に米国市場の下落につられて市況が悪化して800円に下がった時に買っていれば、あなたにとってのA社の利回りは3・75％です。

その後、株価が回復して1500円になったら、スクリーニングでA社は利回り2％と表示されます。でも、**800円で買ったあなたにとってはA社の配当利回りは3・75％のままです**。これは非常に余裕の持てることです。

具体例を昨年、私が狙ったヤマダ電機の株価で確認してみます。

このように10月〜11月の2週間を見たとしても506〜546円の間で40円の幅がありますし、単純に配当利回りでも2・38％〜2・56％の差になります。この短期間でも利回りは上下しますから、安く購入することが大事です。

当然のことながらここでは506円での購入がベストです。

どうすればいいのでしょうか。それには指値注文を利用します。1週間あるいは1カ月近く506円で出して待ち続けるスタンスです。

ちなみに、私が今年からメイン口座としている楽天証券では、一度、注文を出せば、原

利回り重視なら「1円でも安く」を狙う

著者購入時のヤマダ電機の株価推移

日付	終値
10月16日	514円
10月17日	512円
10月18日	509円
10月21日	506円
10月23日	512円
10月24日	516円
10月25日	516円
10月28日	516円
10月29日	529円
10月30日	524円
10月31日	523円
11月1日	529円
11月5日	534円
11月6日	533円
11月7日	546円

則約１カ月（30営業日）まで注文が有効ですから、１週間までの期間が多いネット証券会社より、優位性があります。

何せ、一度、発注してしまえば、約定するまで、最大１カ月ほったらかしで済むのは助かります。

指値は直近の安値でなくてもかまいません。ヤマダ電機の場合、最低単位の１００株購入したら配当金が１３００円、優待の金券が３０００円分なので、「配当＋優待品の利回りが８％超となる５３６円で」といった利回りから逆算した指値注文でもかまいません。

どんなに欲しい銘柄であっても今後の株価下落リスクを最小限に、一方で値上がり期待のキャピタルゲイン（値上り益）も狙うとなると、とにかく株価の底というか安いタイミングで買うことが重要になります。

しかし、その底値のタイミングというのは、狙って買えるものではありません。それでも、どうしても少しでも安い金額で購入するためには、ある程度時間を要して待ち伏せするのがセオリーとなります。

もちろん、すぐにでも、何が何でも欲しいというような銘柄であれば、成行き買いをすればすぐに購入することができますが、得てしてそのような状況の場合はその購入した株価が天井になり下落トレンドになることも多々あります。

一般的にデイトレーダーや運用会社のディーラーという職業であれば、短期間のうちに結果を出す必要があります。そうしないと失職や貯金を食い潰すだけになりますので、底値になるまでとことん待つような戦略はまず取りません。でも、公務員や安定したサラリーマンであれば、待ち続けている間は、本業の給与収入がありますから、貯金を食い潰すこともありませんし、とにかく株価が下がるのを待って購入できることから高値掴みを回避できます。

ここで、疑問が生じると思います。

「もしも希望価格まで下がってこない、つまり、1カ月を経過しても全く買えず、逆にドンドン上昇してしまい、買えなくなってしまうことはないのか？」という点です。

もちろん、実際にそのようなことはあります。その場合の答えは簡単であります。素直に諦めて下さい（笑）。また1カ月後、あるいは極端な話、1年後にその株価まで下がった時に購入すればいいだけの話です。

魅力的な銘柄はたくさんありますので、また別の銘柄をターゲットにすればよい話です。買えなかった銘柄に固執する必要はありませんし、絶対に「これを買いたい！」と強く思う銘柄が次々と浮かんでくるに違いありません。こういう状況で思い出していただきたいのですが、私たちは安定収入のあるサラリーマンや公務員といった兼業投資家です。休むことなく何かしら売買しないといけないファンドマネジャーやデイトレーダーではないのです。

なお、一般的にタイミングとしては、優待の権利確定日の翌日とか、ニューヨーク市場や日経平均が暴落する時に下値で約定しやすいので意識しておくことが大切です。

上昇も下落も25%を一つの売り目標株価とする

2億円つくった東条流の売りタイミングを公開

では、今度は購入した株をいつ売るのかということです。**一般的に株に関しては、買うよりも売るタイミングのほうが難しい**と言われています。ゴチャゴチャ言わず、「儲かれば正解」とも言えるので、正解は1つではありません。これは頭に入れておいてください。

そして、今から紹介するのは「東条流の売りタイミングの思考法」で自己流です。とはいえ、**私はこの投資方法で2億円をつくったので、真似る価値は十分ある**と思います。

まずわかりやすいのは買った株が上昇した場合です。「利益が出たら売る」というだけでも正解かもしれませんが、**私は25%の上昇を一つの基準としていました。**この25%は最初に株価を選択した基準としての配当と優待を合わせて5％としていますから、その5年分（5％×5）の25％に達することができたら、キャピタルゲインを得て、他の銘柄を新たに購入するか、その売却した銘柄が5年以内に再び株価が下がった場合には買い戻すことができるという考えがあります。

一方、このような利益確定の売りの半面、値下がりした場合のロスカットの設定も必要です。

本来であれば、なぜ値下がりをしているのかというところの要因を見つけてからのロスカットが正しいところです。単純に大きく含み損になっているから、すっきりしたいという思いは当然のことながら、私自身も未だに経験をしておりますが、最近の上昇トレンドにおける相場の場合、自分がロスカットをした途端、あるいは数カ月してから再度、上昇して買い値以上の株価になったということはあります。

ですから、まずは、経常利益が著しく減った要因をリリースや会社のホームページのIRコーナーや東証開示情報で確認します。

そこで著しい経常利益の減額があれば、今後の配当金の減額や株主優待の廃止も考えられる（既にそのリリースがされていることもある）ことから、ロスカットとしての売却に入ります。

この場合において、特に経常利益の損失がなく、なぜに下がっているかわからない場合には、購入価格からの値下がりのパーセンテージで判断します。

具体的には、目安として購入した株が年間5％のリターンを目指しますので、その5年分に当たる25％の値下がりをした場合には、その25％を取り戻すには単純にその値下がりした株価のまま保有するとなると5年間はリターンを得ないことになりますから、その年数を考えれば、今後の値下がりリスクも鑑みて、一度はロスカットをして仕切り直しをすることを推奨しています。

損を確定させるロスカットに抵抗を感じる人もいるでしょう。投資の初心者ほどその傾向は強いようです。でも、「億」を達成した著名な投資家は皆、ロスカットを徹底して行っていますので、やはりこれは実行するべきことなのです。

最後に株価が横ばいの場合においては、保有を継続していれば、そのまま配当と株主優待の恩恵にあずかることができますので、ある意味、一番安心のパターンであると思います。

単純に種銭100万円として、10万円の株を10銘柄、1年保有していれば105万円になります。増えた5万円（税金は除く）で株を買い増していけば、資産は複利で増えていくことになります。個人的には、この横ばいの株をいくつも保有して、その中から一気に10万円をブレイクする銘柄が1年で1～2銘柄でもあれば、すぐに110万円、120万円……というような利回り10％超の理想的な資産構築になります。

爆上げ銘柄を手に入れる確率を上げる

分散投資はリスク分散と大化け銘柄を持つ第一歩

後は銘柄を増やすのみです。投資の有名な格言に「卵は一つのカゴに盛るな」があります。字の如く卵を一つのカゴに盛ると、そのカゴを落とした場合には、全部の卵が割れてしまうかもしれないが、複数のカゴに分けて卵を盛っておけば、そのうちの一つのカゴを落としてカゴの中の卵が割れても、他のカゴの卵は影響を受けずにすむということです。

投資に慣れてくると、こうしたビギナー時代に覚えた格言も軽視しがちですが、必ず守るようにしたいものです。

これは一般的には、株式投資だけでなく債券や投資信託、あるいはＦＸ投資や不動産投資など、別の商品に分散して投資をするという意味にもなります。

株式投資の話に絞りますと、もしも、購入した株が１銘柄の場合、その銘柄の株価が下がってしまったら悲惨です。株の世界に絶対はないので、必ず分散しましょう。

実際、**かつて「絶対につぶれない」と信じて高配当の東京電力の株に退職金の全額を突っ込んだ人がいました。それが、まさかの原発事故で株価は暴落。**虎の子の老後資金の多くを失うことになったというエピソードがあります。90年代後半には、当時は「絶対に倒産しない」と信じられていた都市銀行や大手証券会社の株を買い続け、大損した人が続出しました。ですから、こうしたリスクを回避するという意味で、複数の銘柄を購入する必要があります。

もちろん、リーマンショック等の大きい下落要因の場合は、全ての銘柄において暴落しますので、銘柄数を増やしたことにより、ポジション（投資総額）が大きくなりますから、リスクは増大します。しかしながら、リーマンショックの時も半値に下がる株もあれば、1割程度の下落で済む銘柄もあったように、分散して持つことで下げリスクも低下させることができることを経験しました。

複数の銘柄を持つことにより、**大化けするお宝銘柄に当たる可能性も高くなる**のも事実です。これは数字的なデータというよりも、私の経験や成功した投資家の例から確かです。

では、どのくらい銘柄数を増やしたらいいのでしょうか。それは前述のとおり、まずは10銘柄、そして種銭のある限り、購入できる銘柄数がある限り増やしてOKです。

種銭が少ないうちは、まずは10銘柄を目指して増やしていけばいいでしょう。しかし、順調に増えていくと、そのうち自分が設けた利回り等の基準で買える銘柄がなくなってくることが起きます。

でも、**ここで安易に妥協しないでください**。その場合、利回りの条件を4％とか3％に下げるのではなく、銘柄の株価10万円という枠の上限を20万円に上げればいいのです。私がおススメする公務員やサラリーマン向け投資法では、まずは配当と優待の利回りを重視して助走を続けてください。

優待利回りをアップさせるための鉄則や裏ワザを知る

配当＋優待の利回りを常に高くする方法

とはいえ、順調に資産が増えたり、ボーナスを株式投資へ回したりすると、同じ銘柄の株を買い増しすることも解禁せざるをえなくなります。

ここで大事なことを再確認します。受け取る配当金は株数に応じて正比例で増えます。でも、優待品は保有株数が増えたからといって、それに比例して増えるとは限りません。**むしろ、増えない銘柄のほうが多い**です。

確かに配当金だけで利回り５％を超える銘柄であればいいのですが、なかなかありません。そこで**株主優待と配当を合わせて５％を超える銘柄を買う**ことになるのですが、優待品が株数に応じて正比例で増えない銘柄の場合、２００株以上買う場合のは利回りは注意が必要です。

前述したヤマダ電機の場合、仮に株価546円で1株配当13円（2020年4月時点の会社予想）とすると、配当利回りは100株購入の場合（投資額5万4600円）なら、配当金が1300円なので配当利回りは2・38％。200株購入なら投資額は倍で配当金は2600円。配当利回りは同じです。

一方、株主優待に関しては、100株保有で、3000円分の金券がもらえます。優待利回りは3000円÷5万4600円で5・49％です。

問題は優待内容を確認すると、もらえる金券は「1000～5000株保有の株主に3000円」となっているのです。つまり優待が200株購入しても100株を購入した場合と同じ額の金券しかもらえないのです。200株を購入（投資額10万9200円）しても、もらえる金券は3000円分。利回りは3000円÷10万9200円で2・75％に下がってしまうのです。

もっとも、この利回り低下を防ぐ方法はそれほど難しくありません。例に挙げたヤマダ電機の場合、購入株数が100株でないと利回りが落ちてしまうので、買い増す際は別の

家族の口座を使うことで高利回りを維持！

自分の口座でヤマダ電機株を買った場合の利回り

購入株数	購入代金	配当利回り	優待利回り	合計利回り
100株	54,600円	2.38%	5.49%	7.87%
200株	109,200円	2.38%	**2.75%**	**5.12%**

家族の口座に分散してヤマダ電機株を買った場合の利回り

購入株数	購入代金	配当利回り	優待利回り	合計利回り
100株(自分名義)	54,600円	2.38%	5.49%	7.87%
100株(家族名義)	54,600円	2.38%	**5.49%**	**7.87%**

名義で新たに100株購入すればいいのです。

「別の名義」と聞くと架空口座みたいな怪しいイメージを抱く人もいるかもしれませんが、単純に家族口座を活用するだけのことです。

家族口座については、既婚者であれば配偶者に口座を開設して購入してもらっても構いません。**お子様がいれば、未成年だったとしても親権者として子ども名義で開設することも可能**です。独身の方については、親に口座開設や購入をしてもらうのがいいでしょう。

つまり、自分一人の口座でなく、「我が家の資産運用」という考え方で次の表のように各々合計7・87%の利回りを獲得するということになります。

このような考え方を応用すれば、株式投資に理解がある大家族であれば、3名義、4名義と自由になる口座を持てます。買いたい銘柄がない場合、買いたい銘柄が値上がりして予算外となった場合は、この家族口座を利用して有望銘柄を買い増しするのもいいでしょう。

ただし、繰り返しますが、投資デビューして初期のうちは、1つの銘柄に惚れ込んで買い増しするよりも、まずは自分自身の口座で買える銘柄を5銘柄、10銘柄と増やしていく方がパフォーマンスを上げやすいと思います。

優待品を値下がりリスクなし、無料でもらう裏ワザを知る

少し慣れたらチャレンジしたい「優待タダ取り」

そもそも株式投資を嫌がるというか敬遠する理由は、当たり前の話ですが、買った株が下がり損をすることです。ほかには、「どの銘柄を買えばいいのかわからない」といった

ところでしょうか。また、生真面目なサラリーマンや公務員ほど職場ではなかなか株価をチェックできないのも投資を遠ざける障壁となっているようです。

そこで、ここに挙げた3つの障壁をクリアするピッタリな投資法を教えます。週末や帰宅後の30分、それこそ慣れてしまえば数分でできてしまう投資法です。

そもそも購入した株が下落しても損をしないようにすればいいのです。

「えっ！　そんな手法あるの？」と声が聞こえてきますが、実際にはあります。

この手法はあくまでも優待の権利がもらえる日（権利確定日）のみに着目する投資法です。マネー誌などでは定期的に記事になる投資マニアの間では有名なウラ技なので、投資経験を積んだなら「優待タダ取り」というような言葉を聞いたことがある人もいるかと思います。

簡単に言えば「買い」と「売り」を同じ株数持つ両建てのポジションを持つということになり、この場合は一般的にクロス取引とも言われています。

「両建て?」と言われても一体、投資初心者には何のことかわからないという人もいるかと思いますが、簡単に言えば「空（カラ）売り」を使うということです。

「空売り」とは、言葉の如くカラ（実際には株券を持っていない）の状態で売るという意味です。細かい仕組みは株の教科書に譲るとして、要は証券会社から株を借りて先に売って、後から株を買い戻して証券会社に返すのです。「この株は値下がりしそう」と思った時に行う取引です。

実際にその空売りの手順は以下のとおりになります。（カゴメの株のケース）

① 最初に証券会社から、カゴメ株を100株借りてきます。

② すぐにその株を売却します。（2100円で売却【空売り】できたとします）。

③ その後、カゴメ株は2000円まで下落したとします。

④ すかさずカゴメを2000円で100株買います（買い戻す）。

⑤ ①で借りた株をそのまま「返却」します。

⑥ 手元には（②の売却代金2100円−④の購入代金2000円）×100株＝1万円が空売りの利益として残ります（手数料、金利、税金は考慮せず）。

以上のように、空売りとは株価が下落すると利益になる取引なのです。ちなみに、株価が上昇すれば、「売った価格より高い価格で買い戻す」ので、損となります。

もう少し詳しく知りたい場合は入門書でご確認いただきたいのですが、仕組みを理解した上で、あとは株主優待が欲しい銘柄をピックアップしてください。なお、この場合は、前述した10万円以下の株式からの選択にこだわる必要はありません。なぜなら今回は値下がりしても損をしない手法になりますから、買い値は問題となりません。

では、実際に3月末、9月末の権利確定日の株主優待として人気のある全日本空輸（ANA）株の獲得を例にいたします。

9月28日（令和2年の場合）が優待権利確定日になりますので、それまでに、200株の「買い」注文と。同時に200株の「空売り」注文を取引開始前に発注しておきます。これで私は「ANA株を200株保有」、「ANA株を200株から売り中」というポジションになります。

そして翌日の9月29日には、もう用済みとばかりに、カラ売りのために借りたANA株200株を返却します。通常ですと「買い戻し」が必要ですが、私は昨日、ANA株200株を同時に購入しているので、それを返却用の株に流用すればいいのです（これを「現渡し」と言います）。

ここで、注目してほしいのは翌日に株価が下がって「買い」で損が出ても、「空売り」の利益で相殺されます。逆に株価が上がって「空売り」で損が出ても、現物「買い」の利益で相殺されます。つまり、株価が上がろうが下がろうが損益はゼロなのです。これが損を心配したり、株価をいちいちウオッチしたりする必要もない理由です。

実際に令和元年の株価で検証します。この年の権利確定日9月26日の取引が成立した株価が３８５６円。翌日は同３７６８円。取引した株数は２００株なので、「買い」の取引では（３７６８−３８５６）×２００株でマイナス１万７６００円。一方、空売りの注文の損益は、（３８５６−３７６８）×２００株でプラス１万７６００円です。このように、翌日の株価が上がろうが下がろうがトータルではプラスマイナス０円です。

この取引のポイントは、株主優待の権利は権利確定日、そのたった1日でも株主であった人がもらえることです。なお、配当金については、確かに同じように私がもらえるのですが、同時に空売りしていた場合は、配当金相当額を株を貸してくれた証券会社に支払う必要があるので、差し引きゼロになります。

この取引の３カ月後ぐらいに株主優待として、ＡＮＡのチケット代金「片道1区間50％割引券」２枚が自宅に送付されてきます。

では、この優待券獲得に要したコストを検証します。現物買いの手数料が３１６円。信用売り手数料と貸株料１２２０円。合計１５３６円です（現渡しは手数料ゼロです）。

以上のように、わずか１５３６円のコストで、ＡＮＡの運賃50％の割引券が２枚獲得できました。自分で使用してもいいし、私のように金券屋に売却しても1枚３８００円（令和元年10月の相場）になりますから２枚で７６００円、コストを差し引き６０００円がノーリスクで得られました。

コストに関しては、信用取引手数料無料のキャンペーンや購入する証券会社自体の株主優待の株式手数料のキャッシュバックでさらに削減ができます。また、そもそも現物買いをする時に実はそのまま現物買いをするのではなく、信用買いをした後に現引き（品受け）を使うと、手数料を安く抑えられることが多いので、実際にクロス取引に慣れてきたら、このあたりのコスト面も色々比較して頂ければと思います。

今回は、ＡＮＡの例を取り上げましたが、自分自身で欲しい優待についても、「優待タダ取り」の技を用いれば、株価を気にすることなく、安心して株主優待を獲得できるのです。**昨今の株式市況では、特に金券がらみのモノに特化すればそこそこのリターンを安定して生み出せ、常時、株式相場を監視する必要もない**ので、予算に応じてサラリーマンや公務員でも気軽にできる手法だと思っています。

一般信用を使用して優待を稼ぎまくる
400万円をノーリスクで儲けたコツコツ投資ワザ

しかし、前述したクロス取引の手法にも実は思わぬ落とし穴というかリスクは存在します。それは一言で言えば「逆日歩《ぎゃくひぶ》」になります。

この逆日歩というものは、結論から言えば、空売りをする時の制度信用取引のみに発生するもので、信用取引の売りの数が増えすぎて、株が不足した場合に発生する費用になります。そもそも信用取引の売りについては、株券を借りて貸株料という金利を払って取引をしているので、その金利とは別に株不足という状況になった場合の手数料ということになります。

具体的には、制度信用においては、株が不足した場合には早々、株券を貸し出すために銀行や保険会社、あるいは大株主から株券を借り入れてきます。もちろん、無料では貸してくれないので、そのコストがそのまま逆日歩という形で跳ね返ってくるものです。

さらに厄介なことはこの逆日歩は、１株単位で１日ごとに発生し、それ以前から信用取引の売りをしていた分も含めてかかるので、高額な金額になることもあり無視できない存在でもあります。

記憶に新しいところでは、２０１８年８月の吉野家では、３０００円の牛丼等のサービス券に７３５０円かかり「高級牛丼」と言われ、２０１８年12月の湖池屋は１００株保有で２５００円相当の自社商品（ポテトチップス）がもらえますが、83・２円の逆日歩がつき、品貸日数が７日間であるため総額は５万８２４０円となり、「超高級ポテチ」となりました。このように制度信用でクロスした人にとっては、泣くに泣けない顛末となりました。

ですから、この手法については、権利確定日の翌日の株価が上昇しようが、下落しようが、リスクは皆無になりますが、この逆日歩だけは避けようがありません。

また、厄介なことは、この逆日歩がどれくらいつくのかという予想が難解であり、多少は過去の権利確定日を検証することにおいて、予想はつくのですが、ここ最近の動向としては、今まで逆日歩がかからなかった銘柄においてはじめてつくものもあり、油断ができない展開となっています。

とは言っても、権利確定日と曜日の関係にもなりますが、逆日歩がつく日数と逆日歩の最大金額を計上することは可能なため、銘柄こそ少なくなりますが、優待換算額と比較してプラスになる銘柄もあり、絶対にリスクを取りたくない、あるいは損をしたくないという人には、狙っている銘柄が、空売り禁止のリリースさえなければ有効な手法だと思っています。

いずれにしても、制度信用取引で株主優待を獲得するにあたっては、常に逆日歩の動向に注意することが必要になるので、日証金（日本証券金融）のホームページなどでの日々のチェックは必須になると思います。

では、その「制度信用取引」の逆日歩のリスクについて回避する手法はないのかということですが、その対策として、実際に空売りや繋ぎ売りをできる手法として、「一般信用取引」というものがあり、こちらは、投資家と証券会社の間で結ぶ契約になります。

この場合、投資家は証券会社から借りた資金に金利を上乗せして返済する必要があります。つまり銀行に借金して返済するのと同じような感覚です。投資家は証券会社との取り決めですから、金利や返済の期限などは証券会社側で自由に決められます。

また、「制度信用取引」と比較して、手数料や金利の違いこそありますが、絶対的な強みとして最大リスクの「逆日歩」が生じないことに妙味があります。

なお、この信用取引の一般信用に対応している証券会社は、主要なネット証券はほぼ対応していますが、全ての証券会社でできるものではないということと、一般信用で売りができる銘柄の数が限られていることは頭に入れておいてください。これは、そもそも信用取引の世界で一般信用として用意できる株券の数が少ないことと、逆日歩という手数料がかからないという安心感から競争率が高くなり、株主優待の内容で人気があるものについては、権利確定日の前日に余っている（信用売りができる）銘柄は、ほとんど見かけなくなっているのが実情であります。そのあたりの対策方法としては、優待の権利確定日の1カ月以上前から仕込めば、そこそこ対応はできますが、その分、長く株券を借りていることになり、貸株料と言われるコストが余分にかかってくることになりますので、そのあたりも計算に入れて、信用売りをするタイミングや収支をはかる必要があります。

ですから、前述したANA株については、私は、一般信用で対応しており、権利確定日より数日前に空売りをしたところです。

なお、私はこの優待クロスにおいては、この株主優待を利用することで昼食代や飲み代支出の節約が驚くほどできる銘柄は重宝することからおススメします。

私も外出時のランチでは、無意識に株主優待を利用できる店を選んだり、飲みに行くお店でも株主優待がまず使えるかを確認したりしてます。

実際に、吉野家や松屋やゼンショー（すき家）といった牛丼チェーンの運営会社をはじめ、すかいらーく（ガスト・ジョナサン）、マクドナルドやモスフードといったハンバーガー、さらには、コロワイド（甘太郎）やSFPホールディングス（磯丸水産・鳥良）の居酒屋などの株主優待品（食事券）は、すべて株主優待クロスで獲得して、金券ショップに売ったり昼食代や飲み代を浮かしています。それこそ1年間で20万円以上でしょうか。それをかれこれ20年くらい続けているので、**最低でも「ノーリスクで400万円の儲け」と言い換えてもいいでしょう。**

ここまで読まれ、**「面倒くさそう」「ちまちまセコイな」と感じられたかもしれませんが、「ノーリスクで400万円の儲け!」と聞けば、やってみる価値を感じませんか？** また、この飲食代を優待券でまかなった分、キャッシュを株式や不動産の投資に回せたということもポイントです。

まるで八百長のような確度で儲かる株式投資術で稼ぐ！

鉄板投資ＩＰＯで財をつくる

私が一財を稼ぐことができたＩＰＯ投資について紹介したいと思います。

ＩＰＯとはざっくりと「新規に上場する株のことの全般」だと捉えてください（正確ではありませんが、これで話は通じます）。そもそも株式会社といっても、上場するまではオーナーや創業メンバーなど少数の特定株主のみが株式を保有しており、株式の自由な売買はできません。これが「上場企業」となることで、株式市場を通じて誰もが自由に株主になり、透明な株価で株を売買できるようになるのです。

新規に上場する際には、上場の少し前に先に挙げたような既存の株主が保有している株を売り出したり、会社自体が上場を機会に新規に株を発行して、売り出したりします。この**上場前に事前に買っておくと、上場する前からの株主になれるのです。そして、上場後に売れば、かなり高い確率で少し前に買った価格より高い株価で売り抜けられるのです。**

「なら、その上場の少し前に売る時に買えばいいじゃないか」と思いますよね。その通りなのです！

でも、そんな高い確率で儲かるので、当然ですが皆が買いたがります。その結果、抽選による販売になるか、証券会社が「お得意様」に優先的に回すことになるのです。

こう聞くと、何だか希少性があり、無縁な株だと印象を持つかもしれません。しかし、実際は単純に証券会社にＩＰＯ銘柄を申し込んで、抽選に当選さえすればいいのです。公務員が申し込んでもインサイダー取引になりません。そして当選した暁には、堂々と買って、すぐに売却して利益を得るだけです。

もちろん、これから上場する聞いたことないような若い企業ですから、プロ投資家なら綿密に調べたり、上場後も株価を逐一監視したりするでしょう。でも、私たち本業のある公務員やサラリーマンはそんな手間暇をかけてられません。では、どうするのでしょうか。

それは、後述するスクリーニングを行い、それに合致したら機械的にたくさん抽選に申し込み、買って、すぐに売るだけでＯＫです。実際に次のページにある２０１９年度のＩＰＯの初値と騰落率の一覧をご覧ください。

上場日	銘柄名	上場前に買えた価格	初値	騰落率
4月 8日	ヴィッツ	2,650円	6,100円	130.19%
4月24日	ハウテレビジョン	1,210円	3,745円	209.50%
4月25日	グッドスピード	1,400円	1,750円	25.00%
4月25日	トビラシステムズ	2,400円	5,420円	125.83%
5月30日	バルテス	660円	1,820円	175.76%
6月 4日	大英産業	1,520円	1,330円	**-12.50%**
6月12日	ユーピーアール	3,300円	4,000円	21.21%
6月19日	日本グランデ	750円	752円	0.27%
6月19日	Sansan	4,500円	4,760円	5.78%
6月20日	ピアズ	3,620円	5,500円	51.93%
6月21日	ブランディングテクノロジー	1,740円	4,825円	177.30%
6月25日	インフォネット	1,490円	3,430円	130.20%
6月26日	ヤシマキザイ	1,280円	1,450円	13.28%
6月27日	新日本製薬	1,470円	1,664円	13.20%
6月27日	あさくま	1,250円	1,834円	46.72%
6月28日	リビン・テクノロジーズ	3,900円	9,000円	130.77%
7月 5日	フィードフォース	1,150円	2,760円	140.00%
7月18日	Ｌｉｎｋ－Ｕ	2,820円	5,760円	104.26%
7月24日	ビーアンドピー	2,000円	2,400円	20.00%
7月29日	ブシロード	1,890円	2,204円	16.61%
7月31日	ツクルバ	2,050円	2,050円	±0.00%
8月 9日	ステムリム	1,000円	930円	**-7.00%**

（注）上場前に買えた価格＝公開値

86銘柄のうち76銘柄がいきなり上昇！

2019年のIPO銘柄の騰落率

上場日	銘柄名	上場前に買えた価格	初値	騰落率
2月22日	識学	1,800円	4,550円	152.78%
2月26日	リックソフト	4,000円	9,050円	126.25%
2月27日	東海ソフト	1,500円	2,872円	91.47%
2月28日	フロンティアインターナショナル	2,410円	2,715円	12.66%
2月28日	スマレジ	1,370円	3,225円	135.40%
3月 5日	日本国土開発	510円	624円	22.35%
3月12日	ダイコー通産	1,540円	1,732円	12.47%
3月13日	サーバーワークス	4,780円	18,000円	276.57%
3月14日	エヌ・シー・エヌ	800円	1,214円	51.75%
3月15日	カオナビ	1,980円	3,970円	100.51%
3月18日	共栄セキュリティーサービス	2,100円	2,866円	36.48%
3月19日	KHC	850円	832円	**-2.12%**
3月19日	コプロ・ホールディングス	2,090円	2,395円	14.59%
3月19日	ミンカブ・ジ・インフォノイド	1,050円	1,400円	33.33%
3月20日	ギークス	1,930円	2,900円	50.26%
3月25日	gooddaysホールディングス	2,280円	5,200円	128.07%
3月28日	NATTY SWANKY	3,270円	3,930円	20.18%
3月28日	日本ホスピスホールディングス	1,000円	1,466円	46.60%
3月28日	フレアス	1,850円	4,045円	118.65%
3月29日	エードット	1,110円	2,453円	120.99%
3月29日	Welby	5,200円	18,030円	246.73%
4月 3日	東名	3,290円	4,205円	27.81%

上場日	銘柄名	上場前に買えた価格	初値	騰落率
12月10日	ＡＬｉＮＫインターネット	1,700円	4,020円	136.47%
12月11日	マクアケ	1,550円	2,710円	74.84%
12月12日	メドレー	1,300円	1,270円	**-2.31%**
12月16日	ランサーズ	730円	842円	15.34%
12月16日	ＪＭＤＣ	2,950円	3,910円	32.54%
12月16日	ベース	4,700円	9,050円	92.55%
12月17日	フリー	2,000円	2,500円	25.00%
12月17日	ウィルズ	960円	4,535円	372.40%
12月18日	ＪＴＯＷＥＲ	1,600円	2,620円	63.75%
12月18日	BuySell Technologies	1,930円	3,720円	92.75%
12月18日	ユナイトアンドグロウ	1,270円	3,205円	152.36%
12月19日	SREホールディングス	2,650円	2,475円	**-6.60%**
12月19日	ランディックス	1,630円	3,660円	124.54%
12月20日	INCLUSIVE	2,110円	4,535円	114.93%
12月20日	スペースマーケット	590円	1,306円	121.36%
12月23日	カクヤス	1,600円	1,866円	16.63%
12月23日	global bridge HOLDINGS	2,690円	4,020円	49.44%
12月25日	ＷＤＢココ	1,530円	3,400円	122.22%
12月25日	AI inside	3,600円	12,600円	250.00%
12月26日	スポーツフィールド	2,730円	8,500円	211.36%

（注）上場前に買えた価格＝公開値

86銘柄のうち76銘柄がいきなり上昇！

2019年のIPO銘柄の騰落率

上場日	銘柄名	上場前に買えた価格	初値	騰落率
9月12日	ピー・ビーシステムズ	1,380円	1,950円	41.30%
9月19日	アミファ	660円	910円	37.88%
9月19日	サイバー・バズ	2,300円	4,000円	73.91%
9月20日	ギフティ	1,500円	1,880円	25.33%
9月24日	Chatwork	1,600円	1,480円	**-7.50%**
9月26日	HPCシステムズ	1,990円	1,870円	**-6.03%**
10月 1日	パワーソリューションズ	2,000円	5,110円	155.50%
10月 2日	レオクラン	2,700円	2,920円	8.15%
10月 8日	HENNGE	1,400円	2,001円	42.93%
10月 8日	AI CROSS	1,090円	1,800円	65.14%
10月 9日	アンビスホールディングス	2,800円	4,260円	52.14%
10月18日	ワシントンホテル	1,310円	1,462円	11.60%
10月18日	浜木綿	2,120円	2,950円	39.15%
10月24日	インティメート・マージャー	1,900円	4,000円	110.53%
10月25日	BASE	1,300円	1,210円	**-6.92%**
10月28日	セルソース	2,280円	6,020円	164.04%
10月29日	ジェイック	4,750円	10,320円	117.26%
10月30日	恵和	770円	1,026円	33.25%
11月 1日	ダブルエー	4,690円	4,680円	**-0.21%**
11月21日	トゥエンティーフォーセブン	3,420円	3,800円	11.11%
12月 2日	名南M＆A	2,000円	2,900円	45.00%
12月10日	テクノフレックス	900円	1,062円	18.00%

ご覧のとおり、公開値と初値の騰落率を見ても、**下がっているのは86銘柄中9社のみ**です。100%超え、つまり2倍以上に上がった銘柄も31社あります。中には200%超えもありますし、3月13日に上場のサーバーワークスは4780円が1万8000円なので、最低単位の100株でも買えていたら、一瞬にして約132万円の儲けです！

では、一般的にどのような銘柄に公募価格より高い初値がつくのでしょうか。そのあたりを考えないで、闇雲に応募して獲得しても、ここで掲載している9社みたいに公募価格未満の初値になる場合もあるため、手数料や税金も含めると、痛い目に遭う形になってしまいます。やはり、堅調な初値をつける銘柄に関しましては、公務員お得意の統計や分析結果から、左記の項目の数点に該当している感があります。

- **人気のある業種である。**
- **将来性がある。**
- **マザーズ上場銘柄である。**
- **ベンチャーキャピタルや大株主売り抜け防止のロックアップ期間もしくは条件がある。**
- **そもそもの公開株数が少ない。**
- **公募株数より売り出し株数は少なめである。**

・業績や利益が順調に伸びている。
・赤字企業ではない。
・PERは妥当である。
・上場目的が、換金性含め露骨ではない。
・主幹事証券会社が信頼できる。

ちょっとの手間はかかりますが、公開にあたって、該当企業のHPを見たり、証券会社から目論見書を入手したりすれば、ここに掲載している条件に合致するかどうかはすぐに把握できますから、そんなに難しいことではないと思います。ちなみに、逆にこれらの項目にほとんど当てはまらない銘柄に関しては、公募割れすることも多々あります。

なお、そのような判断も難しい、もしくは手間暇がかかるということであれば、有料では「トレーダーズ・ウェブ」(https://www.traders.co.jp/service/premium/intro/info.asp)といった予想サイトを利用するのも一つの手です。もちろん、百発百中とはいきませんが、初値を予想するにあたって、根拠や裏付けなどある程度は記載されていますので、参考になると思います。

では、妙味があると判断した場合におけるＩＰＯ銘柄の具体的な獲得方法をご紹介したいと思います。まず、最初にそのＩＰＯの銘柄ごとに応募ができる証券会社が限られているということです。一般的に「幹事証券会社」と言われるもので、ＩＰＯに関する手続きを取り仕切る役目を負っています。そして、この幹事証券会社は、一般的に4～5社で構成される場合がほとんどです。

その複数ある幹事の中でも中心的な役割をする証券会社を「主幹事証券」そのサブ的な役割をする証券会社を「副幹事証券」や「平幹事証券」と呼んでいます。

当然ですが、主幹事証券は大手（野村、大和、ＳＭＢＣ日興、みずほ、三菱ＵＦＪ）が就くのが大半です。なので、大手証券会社の全てに口座を開設しておくのが基本です。

私の経験では、ＩＰＯの直前に口座開設すると、「なんだＩＰＯ狙いか」と警戒されるリスクがありました。ですから、もっと前から有給休暇を取得して、店頭で「投信や株など、色々考えています」とＩＰＯのことは口に出さずに口座開設しておくことをおススメします。この点、店頭で口座開設するには約1時間かかることから、半日休暇制度があったりするサラリーマンや公務員は有利だと思います。

このように、ぜひご自分の恵まれた環境を活用してください。私の場合、ボーナス等のまとまったお金が入ったタイミングでせっせと口座を開設し、気が付けば、地場の零細証券会社を含め約50社に開設していました。シンプルですが、これだけあるので、2〜3社しか口座を持っていない人の5〜10倍の確率でIPOの当選が期待できるのです。

なお、口座開設の申込書には職業欄がありますが、ここは正直に書いてかまいません。**堅い職業だと知れば証券マンも警戒を解きますし、長い付き合いを期待して優遇してくれる可能性が高まります。**

申し込み後は証券会社から当選の連絡がくるのを待つのみです（職場では絶対に電話できない旨を強く言っておけば、煩わしい営業電話もしてきません）。しかし、IPOの申し込みの経験者ならご存知かもしれませんが、人気銘柄であれば、そう簡単には当選しないのが実情です。

とにかく、めげずに、ひたすら継続してやるのみです。ダメなのは、「どうせ当たらない」「もう嫌気がさした」などと言って、申し込みさえしなくなることです。

申し込まない限り当たりません。それにハズレても一切の損はありません。そういう意味ではリスクは低いのにリターンは巨大だといえます。私たちは給与が継続して入ってくることから焦る必要もありません。ですから、多くの証券会社に口座を開き、ひたすら申し込むべきなのです。

この章のまとめ

- ▼10万円以下で買える株を選んで分散投資から始める。
- ▼配当と優待を合わせて5％以上の利回りの株を狙う。
- ▼焦らず狙った利回りをになるような株価になってから買う
- ▼優待株に分散投資して爆上げ銘柄を狙う。
- ▼「優待クロス」の裏ワザを身に着け、ノーリスクで優待品をもらう。
- ▼最も勝率が高いのでＩＰＯ投資を覚える。
- ▼大手は全社、対面の小さな証券会社にも口座を作りＩＰＯの当選確率を高める。

第3章

暴落をチャンスにする
投資術②不動産編

お手頃になった物件に投資して賃貸収入をゲット！

サラリーマン大家で左うちわを目指す

家賃収入でウハウハの賃貸経営術とは？

「はじめに」でも書きましたが、不動産の価格はアベノミクスで高騰しました。特に賃貸用物件は株式投資で儲けた人の参戦、さらには民泊ブームによって、投資資金が流入して、割高感が根強くなっていました。とても素人のサラリーマン投資家が手を出せる状態ではなかったのです。しかも、それ以前からスルガ銀行による不正融資発覚で、投資用のローン審査が厳しくなっていたので、投資家には逆風だったのです。でも、コロナショックで市場はリセット。これで「物件価格が修正に向かう」「ローン審査は怪しい投資家には通らない」となって、公務員や安定したサラリーマンには追い風になったのです。

ここではリーマンショックの後の不況を追い風に、株式投資から不動産投資に参戦したサラリーマン投資家ＪＡＣＫ氏に再び登場いただき、実録をまず参考にしたいと思います。

先輩サラリーマン投資家に学ぶ

実録❸

リーマンショックを不動産投資で乗り切る

JACKさん

●職業：元地方公務員のサラリーマン ●投資歴：約30年。株で資産をつくり、不動産、FX、仮想通貨などにも手広く投資

――株式投資から不動産投資に手を広げた理由を教えてください。

不動産投資デビューはリーマンショックの後です。家賃収入という安定したキャッシュフローが入ってくる強みを改めて認識したからです。長期的に資産を増やすなら、株と不動産の両輪がいいと感じました。不動産はレバレッジ効果（解説は後ほど）が大きい点も資産を増やすには効率的だと思いました。

それに、ちょうどリーマンショックの後で株と同様に不動産の価格も下がって、買い手が有利な状況に変わっていました。家賃は簡単には下がらないので、利回りもよくなるし、景気が回復して不動産市況が戻れば、値上がり益も狙えると考えたからです。コロナショックの後の今も同じチャンスがあると感じています。

——「家賃収入」は魅力ですよね。

一番の醍醐味は家賃収入です。ですから、よく新聞の広告欄には、このアパートやマンションを購入すれば「年間○○万円の収入」とか「老後の資金の確保に」などと書かれて、人々を引き付けていますよね。もちろん、具体的な利回り等にはふれていない案内も目立ちます（苦笑）。魅力は本当に大きいと思いますが、その分、落とし穴も多いです。ですが、基本ルールを守れば、それほど怖くなく安定収入を得られます。それに売却益だって得られます。まさに公務員やサラリーマンにピッタリな投資だと思います。

——基本ルールとは

私は始めるにあたって大げさな見出しの不動産投資の本を読んだこともありませんし、業者が主催する怪しい賃貸経営セミナーの類も一切参加をしたことがありませんでした。

とは言いつつも株式投資をやっておりましたので、高配当銘柄をホールドして配当金を継続して貰うのか、あるいは安い株価で買って高く売り抜けるという基本ルールと同様に、**不動産も少しでも安く購入し、そこそこの家賃で貸せば安定収入が得られるインカムゲインか、それなりの安値で購入できれば、短期間で買値より上値で売れるというキャピタルゲイン狙いができる**という大雑把なイメージは掴んでいました。

しかし、株式と違って具体的な手順、何から始めればいいのかという事は一切知りませんでしたので、仲良くなった先輩投資家から話を聞いたり、不動産業者の主催ではない信用のおける有料セミナーに出席したりすることから始めました。やはり、**それなりに信用のおける人に聞いて、お金を払って勉強する**のがいいと思います。**情報商材業者や不動産業者が主催とか、物件を営業してくるようなセミナーはビギナーこそ絶対に避けるべき**です。

そして私が行きついた投資のポイントは意外にも簡素になりました。

①銀行から可能な限り低金利で資金を調達する。
②自分でも借りたくなるような中古のワンルームを購入する。
③家賃をちゃんと払ってくれそうな人に貸す。

文字にすると、たったこれだけです。もちろん利回りの計算や税金の支払いなど、実務面で必要な知識はまだまだあります。でも、それは誰がやっても同じ。単なる事務作業です。前述の3つも誰がやっても同じ、簡単にできそうですが、意外と人によって差が生まれるものなのです。

じつは東条さんもお気づきのように、公務員や安定したサラリーマンだから有利にはたらいたことや、難しい局面に遭った時に回避ができたことがあるのです。

——信用の高さ、低利でローンを組めることなどですね。

その通りです。その前になぜローンが必要か説明します。もちろん、手元にお金が潤沢にある人や親からの相続等で不動産がある地主の人には関係ない話ですが、不動産を購入する資金は自分の貯めた種銭ではなく、金融機関からのローンを活用します。というか、ローンで買うこと、投資用語でいうレバレッジをかけることに不動産投資の意味があるとも言えます。株式投資と異なり、多少の頭金や手数料として現金は必要ですが、残りは足元の超低金利のローンで賄います。ですから**レバレッジ効果が株式投資とは比較になりません。**

人によりますが、200万円の頭金で1500万円くらいの物件を買えますから。200万円で1500万円分の株を買って、1500万円分の株から配当金をもらい（配当利回り5%なら年間75万円の配当金）、もし1500万円分の株が20%上昇したら売って差額の300万円が利益になる、とイメージしてください。しかも**株のように暴落するリスクも少ない**です。

――公務員やサラリーマンには借金（ローン）して投資するのに抵抗のある人もいます。

地主で空地の有効活用を検討している人でもない限り、不動産をローンで購入し、家賃収入からローンを返し、その他、手数料や税金等を差し引いたものが年間でプラスになれば投資は成功です。公務員や安定したサラリーマンならなおさらローンを利用します。私自身も株で儲けて億を超える自己資金はありましたが、金融機関からの借り入れを一番に考えていました。

私が不動産投資を始めたリーマンショックの後は景気が悪化して金利も一段と低下していました。これが非常に重要なことでした。家賃収入の利回り（家賃収入÷物件価格）と支払金利（金融機関への変動金利）の鞘（差）が大きいので、投資妙味が出てくると判断しました。なお、十分な資金がある人であれば現金購入もいいのですが、その場合は物件を売却するまでは、家賃収入は購入のために支払ったお金から、返してもらっている感覚になります。

――投資妙味とは。

単純に10％弱の利回りと金融機関への支払金利3％を差し引いてもざっくり7％の鞘になり、そこから諸経費や維持コストを差し引いても5％近くの利益になると試算しました。5％ということは20年で100％、つまり20年後には借金チャラで不動産を手に入れたことになるのですから、不動産投資は株式投資よりも確実性が高く、長期視点での資産づくりに適していると皮算用していたところです。

――では、一番大事な金融機関との交渉について教えてください。

そこが鍵を握るのは言うまでもありません。まずは金融機関探しとなります。

もちろん、ここでも物件を購入した不動産会社が提携している金融機関や担当者がある程度馴染みであれば、全てお任せすればかなりの手間暇はなくなります。私も最初はそのようにしていましたが、今では基本的には自分で探しています。

手間暇がなくなると言っても、小さなワンルームでも数百万円、多ければ1000万円以上の借入金を申請するのですから、結構な書類を要求されます。平日に休暇を取らないと用意できない書類もあります。３年分の確定申告書や源泉徴収票はもちろんのこと、既に自宅を購入していれば住宅ローンの残高証明書など結構な書類の束になります。それでも自営業やフリーランスの人が過去の収入や業務内容などを根掘り葉掘り調べられるよりハードルが低いのです。

あとは、どれくらいの金利で借りられるのか、あるいはどのくらいの期間まで借りられるのか、そして、頭金は最低でもいくら必要なのかなど、様々な交渉や調整が行われます。こればかりは、その時の金融機関の姿勢（経済状況など）によって大きく異なります。

ネットはもちろん、色々な人に聞いたりして情報収集をしますが、当然のことながら、貸し手はメガバンクから信金、ノンバンクまで、幅広く条件提示（金利や頭金の有無など）が異なり、自分の希望とのすり合わせは慣れるまでは大変な作業になります。

ここでも私はまずは、勤務している役所の給与の指定振込銀行となっている銀行（その役所のメインバンクのような銀行）に突撃をしました。メインバンクですから日頃から役所に国債や定期預金の営業にも来ていましたし、役所の公金も大口として預けていることから、**まずは丁寧な接客からスタート。始めての不動産投資だったとしても、門前払いはなく交渉のテーブルに着いてもらい、真剣に検討してもらいました。**投資をしていることなど秘密が銀行から漏れることはないので、みなさんも勤務先に出入りしている金融機関、給与口座のある銀行にまず相談するのがいいでしょう。

――融資の交渉はどんな感じでしたか。

知らない人も意外と多いのですが、金利が一律の定期預金やカードローンと違い、銀行ローンの金利は借りる人によってバラバラなんです。当然ですが信用度の高い人は低金利となります。**また商取引なので、「私はこれだけ信用が高いから、金利をもっと下げて」と交渉できるのです。そして実際に金利を下げてもらえるのです。**

特に公務員のメリットというかありがたさを感じたのはやはり、この金利交渉の時です。事実なのではっきりと言いますが、公務員は倒産も無縁な安定雇用であり、業績悪化等の減給、リストラもありません。お金を貸す金融機関にとっては、返済不能となるリスクが自営業やフリーランス、非正規の身分で働く方々より金利が低くなります。これは副業、投資用物件のローンなのに、正業の安定した収入、そして社会的な信用が重視されるからです。「資産価値の高い都心の物件だと低金利で貸してくれる」ということでもないのです。

――「安定収入」が想像よりも重視されるのですね。

「私は株式投資で昨年数千万円稼ぎました。預貯金はありますから、たくさん融資しもらえますか？」と尋ねたら、「いや、株式投資で数千万円稼いだということは、逆に数千万円の損失を被る可能性もあると判断しますから、評価に値しません。役所からの年間500万円の源泉徴収票の方が評価も高いし、その額が年々増えていれば、尚更有難いです」とのことでした。

少しでも金利は低く借りることが不動産投資の鉄則なので、自分の職業を強くアピールし、転職や退職の予定もない旨を付け加えました。そして最低でも0・1％は金利引き下げ交渉をして融資を得ていました。皆さんも恥じることはありませんので、公務員や安定企業勤務のサラリーマンの優位性をアピールして、少しでも低金利の融資を得られるよう交渉して頂ければと思います。

JACK氏の投資術に
興味のある人は必読！

これはずるい！
株 カンニング投資術
（JACK著・ダイヤモンド社）

職業上の恵まれた身分をフル活用する

有給休暇と土地勘を利用した物件選び術

金融機関との交渉も役所との関係が深い金融機関であれば、勤務先から近いこともあり、時には夜間での受付も可能でしたが、融資に必要な書類は、e-Taxやコンビニ交付で得たとしてもやはり平日の9～15時に行われるのが一般的です。

その場合において、時期的にどうしても休めないという人もいるかもしれませんが、半日やら数時間の休暇を取れるのが公務員のメリットです。私の聞いている限りは、大手企業でも同様の制度が普及しているようです。

私の場合、金融機関との交渉以外にも、好条件の物件の連絡を貰った時には急遽、有給を取って、翌朝、物件を見学してからの出勤というように機敏に対応できたのはありがたかったです。

さらには、自宅周辺であれば土地勘は働きますが、自分の勤務している区役所や市役所、あるいは県庁といったところであれば、駅の賑わいや商店街の状況、あるいは大学やコンビニの有無といった情報は、人気や衰退具合を含め、早く把握できました。

ですから、私は不動産投資をしていく過程で、自宅がある市区町村と勤務先がある市区町村を中心に活動し、それ以外の市区町村の物件でも必ず、役所を訪問して、今後のまちづくりの方向性等をよくリサーチをしていました。

投資をするにあたり、空室リスクが一番重要であることから、今後の人口推移、道路やコミュニティバスの拡充の可能性、近所にライバル物件となるマンション建設予定の有無などを確認し、もし自分でチェックしてわからない場合は手間を惜しまず、その地の役所に確認していました。

もちろん、本書を手にした誰もが同じことをできるわけではありません。ですから、ここでお伝えしたいのは、**好条件の物件は競争となるので、連絡があったら仕事を休んででもいち早く見学に行くべき**だということ。物件周囲のリサーチは必須なので、自宅の近く、あるいは毎日行く勤務先の周辺、営業で回るエリアなど、土地勘のあるエリアから探すのが効率的だということです。

不動産に関していえば、株式投資のように「ネットで完結」とはいきません。副業とはいえ、そこはビジネスとして多少は汗をかいたり、時間を割いたりする覚悟が必要です。

利回りにこだわり安値傾向にある物件を狙う

中古ワンルームを買う

結論から言えば、おススメは中古のワンルーム（マンション）を購入することです。

最初に何故に中古か？　という話からします。単刀直入に言えば、「利回りがいい」からです。例えば新築ワンルームマンションだと、販売価格にはマンション会社の利益や宣伝費が含まれているので高額になります。利回りは落ちてしまい、表面利回り（諸費用や税金は考慮せず、年間賃料÷購入価格×１００％）で４％台、最近では物件価格が高騰しているので３％未満の物件もあります。

もちろん、新築は空室リスクや水回りや電気関係で故障が発生する修繕リスクはほとんどありません。でも、今後、ローンの金利が上昇することも考えられ、新築時の家賃は経年劣化とともに低下していくので、5～10年後といった場合、月々の収支が赤字になる可能性が高くなるので、あえて低い利回りで我慢するメリットがありません。何よりも、コロナショックで中古相場が低下傾向ですし、**現金が急遽必要になったオーナーが売り急いで安値で放出する事例が増えてきたので、なおさら中古の魅力が高まっている**と言えるでしょう。

ちなみに、副業が禁止されている公務員が合法的に不動産投資を行う場合、一定規模以下であれば副業禁止規定に抵触しません。

具体的には下記のように人事院規則14－8に掲載されています。

二　不動産又は駐車場の賃貸　次のいずれかに該当する場合

(1)不動産の賃貸が次のいずれかに該当する場合

イ　独立家屋の賃貸については、独立家屋の数が5棟以上であること。

ロ　独立家屋以外の建物の賃貸については、貸与することができる独立的に区画された一の部分の数が10室以上であること。

ハ　土地の賃貸については、賃貸契約の件数が10件以上であること。

ニ　賃貸に係る不動産が劇場、映画館、ゴルフ練習場等の娯楽集会、遊技等のための設備を設けたものであること。

ホ　賃貸に係る建物が旅館、ホテル等特定の業務の用に供するものであること。

(2)駐車場の賃貸が次のいずれかに該当する場合

イ　建築物である駐車場又は機械設備を設けた駐車場であること。

ロ　駐車台数が10台以上であること。

(3)不動産又は駐車場の賃貸に係る賃貸料収入の額（これらを併せて行っている場合には、これらの賃貸に係る賃貸料収入の額の合計額）が年額500万円以上である場合

このように、右記の（1）～（3）のいずれかに該当する場合はやめておきましょう。

例えば、1部屋の家賃が5万円で8部屋あるアパートを経営すると月間の家賃が満室で5万円×8部屋×12カ月＝480万円になることから、これ以上の物件購入や経営はできなくなります。

ですから、立地リスクとして分散投資をおススメすることから、中古のワンルームマンションを数室、違う立地で購入することになります。

「健美家」など賃貸経営専門のサイトを念入りチェック

購入から管理までの流れをつかむ

私は平日の日中は勤務中なので、週末はもちろん、昼休みや通勤時間にスマホで「健美家」などの賃貸経営専門の不動産投資サイトをじっくりチェックし、利回りや立地的に妙味がありそうな物件があれば、片っ端から現地を訪問し、実際にその情報を掲載している不動産会社に連絡を取っていました。

しかし、実際に現地を見てみると……

- 写真とかなりイメージが違う。
- 競合物件が多い。
- 空室率が高い。
- 駅から実際に歩くと時間が違う。

また、電話をすれば……

- 既に先約があります。
- これ以上は一切の値下げはできません。
- 公務員であっても融資（ローンの利用）は受け付けません（現金一括購入のみ）。
- かわりに他の物件を紹介します。
- こちらの提携金融機関以外の融資は自分で探してください。
- 今月末までに結論をお願いします。

と言った現実を突きつけられ、セミナーで聞いた値下げの交渉や融資もイメージ通りに実行をできずに自信を喪失するものです。私も自分が設定した高利回り物件は実在しないのではないか、業者には釣り広告しかないのでは、と疑心暗鬼になり、あきらめかけたこともありました。

しかし、それでもセミナーやオフ会で手の込んだマイソク（物件を貸し出すための情報を記載した宣伝資料）を持参する人や、実際に購入した先輩投資家たちの話を聞くと、どの物件も素晴らしい利回りや低金利での融資を受けている物件ばかりでした。つまり、まだまだ探し方を含め、やり方が甘いというか悪いというか粘りがないというか、色々と反省したのです。

第1章でも書いたとおり、**利回りと買い値は妥協しないことです。物件に惚れ込むと、つい利回りや買い値に妥協したくなりますが、マイホームの購入ではないのだから、それは厳禁です**。では何を妥協すればいいのでしょうか。私が妥協したポイントは「自宅からの距離」です。最初の頃は、自宅や勤務先の近くというような条件を設定したのですが、可能性や確率を高めるために、自宅から90分圏内といたしました。

その結果、格段に物件との出会いが増えたことは言うまでもありません。出会いが増えるということは、後は如何に自分の条件に近づけるかが鍵になります。これは「妥協」ではありません。例えば、利回りが1％足りないのならば、値引き交渉（表示されている価格よりも下値で指値を入れるなど）をして、自分の希望に近づけるのです。

基本的には、今後の購入や資産運用を考えれば、少しでも安く購入することがリスクを軽減させるので、物件のあらゆる短所を値引き交渉に繋げていきます。

デフレの今日では、株式投資と違って不動産は購入した時の価格が最高値だと設定すべきなのです。その後にバブルが発生して物件価格が上がればラッキーで、心の奥底で願うだけで、**値上がり益が出ることを投資の前提に織り込んではいけません。**これは大事なことなのですが、「神風」を祈るのではなく、**修繕の発生や空室率を低く抑えきるなどの「経営努力」で、利回りを含む収益をアップすべき**なのです。こうしたノウハウは書籍やネットで多くが公開されているので、自分にできそうなことからどんどん取り入れていけばいいのです。

物件と金融機関のローンの目途がつけば、契約や決済、登記の作業が待っています。ここで驚いたのは、事前に知識としてインプットはしていましたが、購入にかかる仲介や登記、融資などの手数料や税金の諸経費の高さです。ワンルームマンションの場合、ざっくり物件価格の10％は覚悟しておくのが無難です。このコスト負担は株式投資と比べれば雲泥の差です。シビアに利回りを計算する際には、このコストも考慮しましょう。

オーナーチェンジ物件からデビュー

店子探しは「次の機会にチャレンジ」でいい

私のアドバイスとしては、**初めて不動産投資をやるサラリーマン、公務員はまずは、すでに入居者が付いている「オーナーチェンジ物件」から購入する**、です。

何せ、いくら休暇制度が整っている公務員でも、特にビギナーなら物件を探し出すまでにも結構な時間やらパワーを使います。さらにここから自分で賃貸人を探し出す作業が追加で発生すると、体力的、精神的にきつく、本業に支障をきたしかねません。

こうして最初の物件を買ったら、それに満足せずに可能な限り、継続して物件を増やしましょう。

ちなみに、一度、物件を購入する流れを経験しておくと、やはり交渉の一つをとっても展開が読みやすくなることは言うまでもありません。銀行も、最初に買った物件がしっかり経営できて、**ローン返済も延滞がないとなると、その実績を買って審査のハードルが下**

がります。何よりも皆さんも経験したことで自信がつくはずです。このあたりは1章でも書きましたが、まずは第一歩を踏み出すことの効果を実感しました。

また、次なる物件を購入する場合も、今の手持ち物件が評価や比較のベースとなるので、利回りや年間キャッシュフローあるいは空室率等、比較しやすくなり、投資物件の良し悪しの判断が格段にスピードアップしたことは言うまでもありません。大家としてのセンスが身に着くのです。

それと、**不動産営業マンに聞いた話ですが、やはり公務員や安定したサラリーマンだと、常識もあるし、銀行の受けも悪くないし、売主も入居者も安心するので、いい物件が出たら優先的に紹介したくなる**そうです。そのようなこともあり、私自身も最初の物件を購入してからわずか1年で3軒もの区分所有ワンルームマンションを所有するに至りました。

3軒で月額の家賃収入は約28万円でした。

年金だけでなく保険としての機能も高める

団信に入り生命保険は解約する

マイホームの住宅ローンを組んだ経験がある人ならご存じでしょうが、住宅ローンには団信（団体信用生命保険）が付いています。これはローンを借りている最中に死んだり、高度障害になったりした場合は借金がチャラになるという生命保険の一種です。

じつは投資物件のローンでも団信は付けられます。保険料として金利は若干上乗せされますが、これがあれば既存の生命保険は解約できます。**家族がいる場合、万が一の時にはローンが払い終わった、しかもキャッシュを生み出す不動産を残せるので、保険や年金としての機能もかなり高い**と思います。

これは私の家庭内のことですが、不動産投資を始めるにあたり家族が大金の借金を背負うことに不安を覚えました。立て続けに3軒買ったので数千万円のローンです。そこで団信を付けていること、自分に万が一なことが起きたら債務はゼロとなり、後は物件自体が相続できるので家賃収入を得てもいいし、面倒なら売却して数千万円を手にしてもいい旨を説明し、笑顔で納得してもらいました。

不動産投資のリスクの乗り越え方

修繕と空室の発生が2大リスク

不動産は株のように倒産や粉飾決算はありません。しかし投資であることから、やはりリスクはあります。実際に私も購入してからわずか半年で味わうことになりました。

不動産の2大リスクは修繕と空室の発生です。これらの対策についても、不動産投資指南書がたくさんありますので、一般論としての基本はそうした書籍でインプットしてもらうとして、東条流の解決法を披露しますので、東条と同じような境遇に陥った人は参考にしてください。

修繕の発生については築古物件であればそのあたりのリスクを考慮に入れた価格での指

値（値下げ交渉）をするのが一般的ですが、修繕積立金が少なく大規模改修等の実施がない案件は、素人には難敵すぎます。**お手頃感のある価格や目先の利回りに振り回されずにパスする**のがいいでしょう。

とはいえ、前述のように新築だと利回りが極端に低下するので、折衷案としては築10年以内の築浅物件にするのも手です。築浅物件なら、修繕の発生にそれほど神経質になることはありません。

問題は空室対策です。私の所有物件は駅から10分圏内とか周辺は空室率が低いとか、事前に対策をして購入していたにもかかわらず、購入後半年で空室になってしまいました。理由は借り主が自営の方だったのですが、事業に失敗したからです。

しかもタイミングが悪いことに、ちょうど新たに3軒目を購入した時期と重なりました。つまり、3室所有で2室が空室ということになります。どちらの物件もローン返済があったため、この空室期間が続けば続くほど月々の持ち出しも発生します。

もしも、これが一棟モノのアパートだったり、当時ブームだった大型戸建てのシェアハウスであったりすれば、破滅への一歩になっていたかもしれません。

対応策は一般的に大きく3つになると思います。

（1）空室物件を売却する。
（2）家賃を下げる。もしくはリノベーション（リフォーム）等をして注目度を上げる。
（3）自分で住む。家族、知人に住まわせる。
私の場合は、当時は不動産価格が上昇局面に転じ始めていたので、また税金のことも考え、（1）の売却はもう少し後でもいいと思い、選択肢から外しました。

特に不動産は所有期間が5年以下の売却となると、短期譲渡所得として39％もの高率な税金が取られてしまいます。1割値上がりしたからといって売却しても、売却の仲介手数料に加え、購入時にけっこうな費用がかかっているのでトータルでは赤字になりがちです。
（3）も、物件の場所や時期などを考えると私の周りに借り手はなく、採れない選択肢でした。となると消去法で（2）となりました。ただ、家賃を下げれば入居者は決まりやすくなると思いますが、一度、家賃を下げると、少なくともその賃借人が住んでいる間の値上げは、基本的にはできないので、結局は収入減、利回り低下という結果になります。
株式投資では「サラリーマン投資家は焦らず待て」と言いましたが、大家業では、空室で家賃ゼロが続くよりは、賃料を下げてでも空室を解消したほうがいいのか、ここは計算して決めましょう。私の場合、３％程度の賃料減額を行い空室を解消しました。

じつは**業者や投資指南本が言うほど、空室解消の魔法はありません。**本業に支障をきたすほどの労力もかけられません。**若干の値下げで空室が埋まるなら、それも立派な解決策だと割り切りましょう。**

節税して、税金を取り戻す

給与所得と合算して確定申告で還付を忘れるな！

最後に購入した後の確定申告についてお話しします。不動産投資の株式投資との大きな違いが、**不動産所得は給与所得との合算で税金を取り戻せる**（確定申告で税金が還付される）ことです。そのため、確定申告は、給与所得を得ている公務員大家、サラリーマン大家には必須の作業です。

特に不動産投資を開始した1年目については、減価償却費用やローン金利の支払いに加えて、初期購入費等もかかることから一般的には赤字となるケースが大半です。不動産所得は給与所得と合算ができるので、**しっかりと確定申告をして給与所得から源泉徴収された税金の還付を受けてください。**

確定申告も今ではネットで専用サイトが用意され、指定された枠に数字を打ち込むだけで、申告作業は終わります。複雑な税務の専門知識は不要なので、ぜひチャレンジしてみてください。

先輩サラリーマン投資家に学ぶ

実録❹

不動産投資の減価償却で合法的に所得を減らし補助金も受給！

西野さん

●職業：上場企業勤務　●投資歴：約15年。株のインデックス投信の積み立てから不動産投資へ展開

——投資とは無縁だった一部上場企業のサラリーマンが投資家に転じるきっかけは。

部下の一言でした。「投資やっていないんですか？」と言われ、ちょっと焦った気持ちもあって、恐る恐る山崎元さんの書籍なんかを読んだりして、株のインデックス投信の積み立てを始めました。

——積み立てだと、「同じ金額」を買いますからね。株価が下がった時はたくさん株を買えるし、その後に株価が上昇すると、安く、たくさん買っていたものが利益にすごく貢献しますよね。

そうなんです。ライブドアショックなんかの暴落局面もあってヒヤヒヤしましたが、積み立て、いわゆるドルコスト平均法での購入なので、今となっては「暴落時に超安値で買っていた」ことになるんですよね。

――積立投資は続けていますか。

東条さんと同じく、サラリーマンは本業での収入が担保されていますから、精神的にも問題なく、途中で売却することもありませんでした。長期投資の成果が出て、今も利が乗っています。ちなみに、リーマンショックの時には、「今がはじめるチャンス」だと強く思い、投資をしていない部下には迷うことなく、「課長命令だ」と言って投資をススメましたよ（笑）。

今までの含み損もない、日経平均が爆下げの時からの投資開始ですと、ドルコスト平均法での利点が発揮されリスクが格段に下がりますよね。ちなみに、この時に私の命令（笑）で投資をはじめた部下の一人から、先日、マイホームの頭金を投資のリターンだけで賄えたと嬉しい報告がありました。

――株から不動産にも投資先を発展させましたね。

投資デビューすると、関心も広がり勉強・研究にも積極的になりますからね。インデックス投資を継続しながら、個別株にもチャレンジし、さらには不動産投資もやらない手はないと感じました。

――不動産投資のローンの審査では一部上場企業勤務の肩書が活かせますからね。

実際に金融機関からの融資が低金利で次々に得ることができたことから、手持ちのキャッシュを減らすことなく、本業、株式投資、不動産投資と3つの財布の構築に成功しました。今ではＦＸ投資もしていることから、４つの財布となります。

――サラリーマンや公務員が不動産経営をするメリットは大きいですよね。

株やＦＸとは違い、不動産投資は事業所得として給与所得と損益通算ができますからね。特に不動産を購入した1年目は、家賃収入が手数料等を差し引くと赤字になることから、その分、確定申告をすれば、お金が還付されます。このあたりは2年目以降も、合法的に減価償却に着目して、赤字を生み出し、還付を得て、総所得を減らしています。何せ、**総所得が減れば、所得制限のある学費や子育て関係の補助金等の条件も緩和される**ので、本当にありがたいです。

――４つの財布が完成しても、会社を辞める予定はないのですか。

肩書、安定収入、そして会社のお金で財務の勉強やら研修も受けられますから会社を辞める理由はありません。厚生年金、健康保険もある上に、その保険料の半額は会社が負担しますし。**不満だった税金も、不動産投資で所得を合法的に減らせます。**定年までは、よほどのことでも起きない限り、辞める理由はこれっぽっちもありません。当然のことながら、自分の社会人となった息子にも株式投資から始めるようにススメています。

この章のまとめ

▼ワンルームマンション投資から不動産投資デビューして経験を積む。
▼物件選びでは時間を割く、汗をかく、ネットで完結せずリアルで調査。
▼利回りでは妥協せず、駅距離などで妥協できるか探ってみる
▼最初の物件はオーナーチェンジ物件がいい。
▼ローンの金利交渉こそサラリーマン・公務員の強みが生きる。
▼団信は生命保険と年金がわり。団信加入後に生命保険は解約する。
▼節税に努め、還付金や所得減による補助金などを受ける。

第4章

コロナショックを
チャンスに変える株式投資

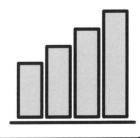

株-1グランプリ優勝者が教える今から買うべき株

暴落をチャンスに変える

暴落の最中に資産2・3倍を達成した東条流・銘柄選び

本書を執筆している時に、今までにないほどの激しい株価の暴落に直面しました。それは、新型コロナウィルスによる世界規模での実態経済悪化への懸念から、連日株価は乱高下が続き、2020年3月16日の米国株式市場では、一時3050ドルと史上最大の下げ幅を記録し、日経平均も同年1月には2万4000円を上回るほどだったのが、3月19日に1万6358円の安値を付け、わずか2カ月で7757円、率にして32%も下がりまさに暴落でした。

このような時に直面した場合に、実際にどのような行動やら売買をしたらいいのかという疑問に対する回答を知りたい人がほとんどでしょう。

「はじめに」でも書きましたが、私はITバブル崩壊、リーマンショック、東日本大震災、この3度の大暴落を経験してきました。そしてこの暴落をチャンスに変えて、資産を増や

定期的にやってくる大暴落！

2019年4月から2020年3月までの日経平均

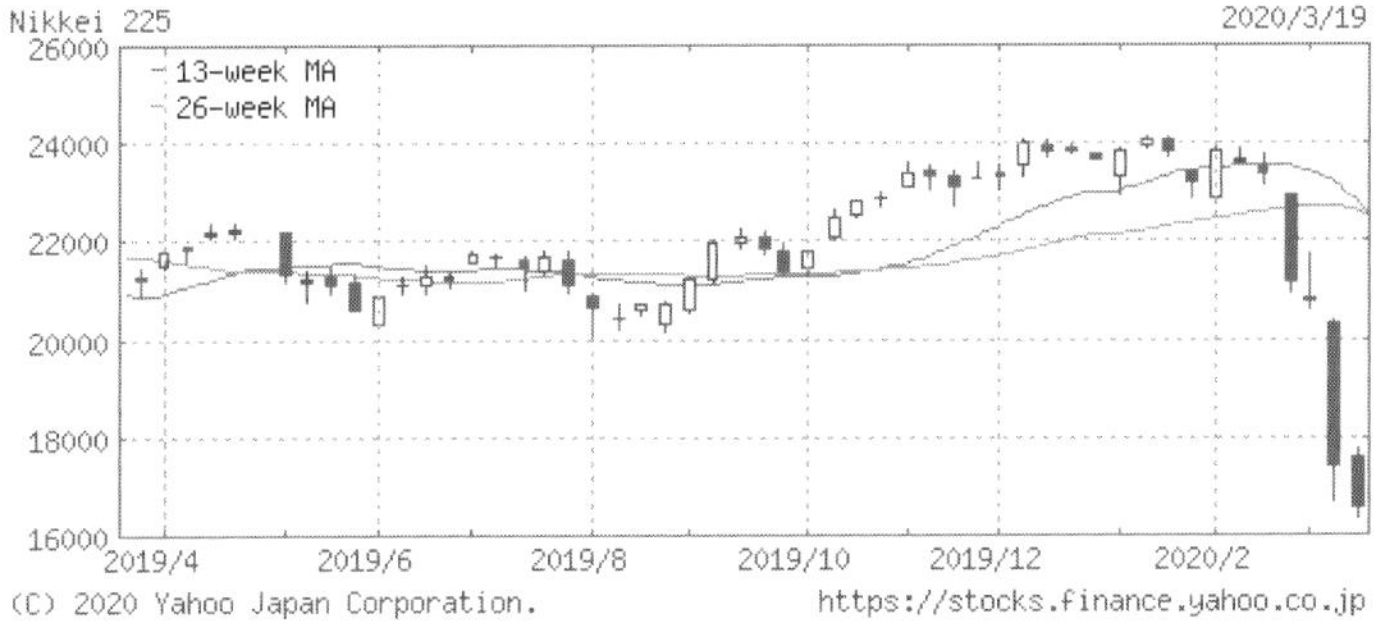

してきたとも言えます。暴落のピークだった2020年3月に**「株-1グランプリ」で資産を約2・3倍（126・9％増）に増やして優勝できたのも、こうした暴落時の対処法を知っていたから**でしょう。その結果、「優れた銘柄選びの嗅覚がある」と周囲から称賛されました。

優勝したことで有名になり、「次は何を買えばいい」といった質問が多く寄せられました。でも、小型株などはちょっとした注文で株価が大きく変動するので、不特定多数に向けて披露するわけにはいきません。今回は本書をお買い上げいただいた皆さんのためだけに、私が厳選した「アフターコロナに買いたい銘柄」を紹介したいと思います。

まず、今後も訪れるであろう暴落相場、不透明な相場への対処法です。結論から言えば、「冷静になり、慌てて売買しないこと」に尽きます。暴落したから、片っ端から持株を売ってしまう「パニック売り」、あるいは、「こんなに安くなった！　買ってしまえ！」という、単に株価に惚《ほ》れるような行為は十分に理解できますし、私も幾度となく実践してしまいました。

振り返れば、その慌てた売買は時にはうまくいくこともありましたが、売りでも買いでも、「やらなければよかった」と後悔するトレードがたくさんありました。

やるべきことは、具体的には**「落ち着くこと」と「願望を入れない現状分析」**です。そして、私の場合、個人的に一番重要視するのは「許容できる損失額」の把握です。日頃のトレードと同じことで、ロスカットをしないことには、長く相場にいることはできません。このような危機時には現金さえ確保できれば次なる投資機会に備えることができるからです。

とにかく「いつか株価は戻る」といった都合のいい分析や、下がった時の常套句「底値だから買いましょう」といった誘いに乗るようなことは絶対に避けてください。

暴落時に取るべき投資のルールを知る

過去の暴落を振り返って得た教訓とは

このようなタイトルを記載すると、まるで必勝法でもあるかに聞こえますが、当然ですが株に「絶対儲かる」という投資必勝法は存在しません。しかしながら、今までの暴落時の自分自身の対応が、結果として、ここまで、長く相場にいることにつながったのではないかと思いますので披瀝させて頂きます。

２００１年、当時のあさひ銀行（現りそな銀行）は、旧協和銀行からのキャッチコピーである「Retail Bank」を掲げ、リテールに強い地域密着型都市銀行として独自性を打ち出していました。都市銀行最下位であった北海道拓殖銀行の破綻から金融再編への波も起き始め、あさひ銀行も「他行との提携・統合を模索する方向性」と市場では予測されておりました。そこで私は株価が多少下がろうが、「いずれ反発する」と判断し、あさひ銀行の株をどんどん買い増していき、大量に保有することになりました。

大手銀行株が３カ月で大暴落！

2001年主要銀行の株価の変化

銘柄	9月10日株価	12月14日株価
あさひ銀行	**130円**	**59円**
みずほホールディングス	533,000円	246,000円
三菱東京FG	1,040,000円	785,000円
三井住友銀行	1,015円	510円
UFJホールディングス	665,000円	277,000円

しかし、まだ若造だった私の素人の分析（願望）です。判断は誤りでした。その後、銀行の不良債権問題はピークに達し、倒産した山一証券や日本長期信用銀行の例を挙げ、「次は○×銀か？」とか、「国は大手3行残してつぶすつもりだ」とか、臆測が流れ金融株は次々と下落していきます。そして２００１年の8月にはあさひ銀の中間配当が見送られるという臆測が流れ、「このまま行くとつぶれる」という雑誌記事も多数出て、あさひ銀の株価は一気に70円台まで暴落しました。

これは失敗談ですが、この時の取るべき行動の正解はやはり、機関投資家同様に１００円を割ったらロスカットのルールを発動すべきでした。でも、私はただただ傍観していただけでした。

数百万円の含み損を抱え呆然とするだけで、「そのうち盛り返すかもしれない」などと楽観視し、現実を直視していませんでした。損失の許容範囲を超えたらロスカットする、乗り換えるべく他の銘柄を研究する、とかするべきでした。しかし、多くの個人投資家の話を聞くと、暴落時はどうしても現実逃避してしまいがちなようです。逆に1億円を達成したような勝ち組の投資家は、自分の判断ミス、負けを認め冷徹に処分しています。そして**勝ち組投資家の多くが「10回やって負けは7回。でもロスカットをしっかりやれば、残り3回の勝ちでトータルでは勝てます」**と証言します。私もそうだと思います。

ちなみに、この直後に私は第1章で紹介したＩＰＯ投資を覚え、損失をリカバリーしました。本書で1つの投資手法に拘泥することなく複数のワザをおススメするのも、こうした体験があるからです。

株と不動産の両輪が資産づくりを継続させる

若いうちに不動産投資をはじめるメリット

経済史に残る大暴落の1つが、2008年9月のリーマンショックです。当時、米国で4番目に大きな投資銀行「リーマン・ブラザーズ」の経営破綻に端を発する世界中を巻き込んだ金融危機です。

日経平均は、前場に400円近く下落した後、後場になっても回復することなく終了し、この日をスタートに、その後、日経平均は一時7000円台まで値下がりすることになりました。

リーマンショックの時には当然のことながら頼みのIPO投資も活況とはならず、逆に上場案件の延期や中止が相次ぎ、数が激減したことにより、途方に暮れる状況でした。

しかしながら、私に資産づくりの道を開いてくれたのが不動産投資だったのです。株式投資から不動産投資にシフトしてこの停滞期を凌いだのです。

日経平均は7000円台まで暴落！

リーマンショック前後の日経平均株価の推移

何せ、ど素人とは言え、資産運用という観点では安定した職業に就いているなら頭金さえあればＯＫで、購入した不動産の家賃から銀行から借り入れた金額（ローンの返済）や税金等を差し引いてキャッシュフローがプラスであれば、お金を増やすことができました。手間暇はかかるし、それなりのリスクはありましたが、株式市況のマイナス期間を補うには十分なリターンです。

私たちの投資は時間をかけてコツコツ複利的な運用を目指すので、マイナスになる期間はなるべく少なくしたいのですが、株式市場が暴落すると、地合いが戻るのに時間がかかるため、不動産投資をやっていないと時間のロスが長くなりすぎるのです。

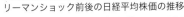

何よりもリーマンショックのような大不況となると、株式投資で大損した大家さん、ローン審査に落ちた大家さん、自営業などで本業が苦しくなって至急、資産を売って現金が必要になった大家さんなど、理由は様々ですが、**投資用物件に関しては普通の住宅よりも大きく下落し、買い手市場になります。**それに比べて、**株価や物件価格が3割暴落したからといっても家賃は急に3割下がったりしない**ので、利回り的には魅力的なものになります。優位性をまとめると、

- **資産価値が株のように1日でブレるようなことはない。倒産や合併もない。**
- **家賃も急に下がることはない。**
- **株のように毎日、一喜一憂しなくていい**
- **自分の裁量で家賃収入や資産価値を上げられ、売却益も狙える。**

といったメリットを株をやっていたからこそ強く実感しました。私の場合、大家デビューは遅かったのですが、読者の皆さんには左記の理由から早いうちから一歩を踏み出すことをおススメします。

- **ノウハウが蓄積される。**
- **約10年に1度のペースで襲ってくる暴落にも耐性ができる。**

・若く始めるほどローンの返済など、時間を味方にできる。
・不況時に始めれば、値上がり益も狙える

話を株に戻します。最終的には、私はこの年に関しては、前回のあさひ銀行の教訓を生かし早々にロスカット。ほとんど個別株のダメージは受けませんでした。

次の暴落、2011年3月11日の東日本大震災の混乱にも触れずにはいられません。当然のことながら、日経平均は地震の発生と原発事故が影響し、大暴落となりました。

時期的に3月末の優待を得ようと先回りして買っていた優待株や、まさかこの状況下でも上場を延期しなかったアイディホームのIPOの公募割れ等、私もそれなりに損失を被りました。天災はリーマンショックと違い、何の前触れもなく起こるので、損失は避けにくいものです。

しかしながら、この時は不動産投資をはじめていたので、安定した家賃収入と、不謹慎ながら「安値で買えるかも」などと前向きに物件を探していたことが精神的な安定につな

天災による暴落は前兆なく襲ってくる！

東日本大震災の時の日経平均株価

日付（2011年）	始値（円）	高値（円）	安値（円）	終値（円）
3月11日	10298.64	10378.55	10254.43	**10254.43**
3月14日	10044.17	10049.92	9578.65	9620.49
3月15日	9441.66	9441.66	**8227.63**	8605.15

がりました。

株のほうですが、一時的な業績悪化は考えられたとしても、実態や企業価値から行き過ぎたディスカウント評価がされ、明らかに割安な銘柄――わかりやすく言えば、配当や優待を合わせて6～8％超に達する銘柄はあったので、短期キャピタル狙いでのリバウンド取りよりは中長期保有のインカム狙いで、コツコツ20銘柄以上購入しました。

その後は、周知のとおり景気回復からアベノミクス相場となり、こちらについても予想をいい意味で裏切り、続々とインカムではなく、キャピタルゲイン（値上がり益）を得られました。

そして、２０２０年の2月に起こったコロ

ナショックです。134ページでも書きましたが、同年3月16日の米国株式市場では、一時3050ドルと史上最大の下げ幅を記録しました。日経平均も1月には2万4000円を上回るほどだったのが、一転して3月19日に1万6358円の安値を付け、わずか2カ月で7735円、32%も下がっています。

コロナショックでも「過剰に割安になった銘柄を買え」といった声をあちこちで聞きました。ひねりのない単純な発想ですが、それは正解だと思います。前回の大暴落だった東日本大震災の時と同様に、**中長期のインカム（配当・優待）狙いは鉄板です。インカム狙いでも結果的に値上がり益も得られる**可能性が非常に高いです。それに加え、コロナウイルスの社会や消費の変化によって株価が逆に上がる銘柄に、新高値で飛び乗り（買い）、タイミング良く飛び降りる（売る）トレードも有効でしょう。

私がコロナ騒動のピークだった2020年3月の株-1グランプリで優勝できたのも、この勢いに乗るトレードで資産を1カ月で約2・3倍に増やせたからです。コロナ騒動は未知なる騒動で、しばらくは第二波、第三波、あるいは派生して引き起こされる米中摩擦などで相場が大荒れする可能性は十分にあります。そんな時にも前述のスタンスで臨む予定です。

株-1グランプリ優勝者が買う銘柄

暴落後の投資戦略

おそらく、本書にて一番、注目され読まれる項目かもしれません。いくら、サラリーマンや公務員であっても、安定的な給与収入があったとしても、「株式を購入しました」→「暴落にあいました」→「泣く泣くロスカットをしました」→「資産が減りました」→「次に何を買えばいいの?」という考え方や顛末になろうかと思います。

「株-1グランプリ」3年連続3度の優勝、特に2020年3月というコロナショックの大暴落の最中の1カ月で資産を約2・3倍に増やして優勝したことでよく質問されますが、これに即答できればフォロワーが100万人いるようなスター専業投資家に出世しているでしょう。そのくらい、責任ある回答が難しいところです。通りすがりの人に聞かれれば、「休むも相場です」と言って濁すでしょう。ですが、過去の経験や新たな金融商品に着目すると、いくつか取れる行動や資産を増やせる可能性が高いものがあると感じているので、この場で初公開させて頂きます。コロナショックのピークだった2020年3月に、私は株-1グランプリで資産を約2・3倍にして優勝したので、それなりに冷静な判断力と銘柄選別眼は持っていると自負してます。

先述したように、こうした状況ではサラリーマン・公務員をメインとした兼業投資家の皆さんには短期投資が難しいことから、バリュー株への投資を第一に考えます。それだけではなく「激しい値動きをする株に投資したい」という人に向いた銘柄も載せています。ただし、経済状況を鑑み、更なる株価の下落のリスク、減配や優待の改悪・廃止の可能性も視野に入れる必要性があることから、一つの銘柄を大量に一気に購入することはおススメできません。また、優待のみ必要であれば、第2章で紹介した「優待クロス」の活用を考えてください。

では、巻頭と巻末の袋とじに、コロナ暴落後に、主にバリュー投資の観点で私が魅力を感じた銘柄を掲載しましたので、ご参照ください。

この章のまとめ

▼「パニック売り」や「安値に惚れて買う」のは失敗の元。

▼保有中の株が暴落したら「いずれ戻るかも」といった願望は切り捨て、損切りを徹底する。

▼勝ち組投資家は3勝7敗でも、損切り徹底するのでトータルで勝っている

▼株と不動産の両輪で補完しながら資産形成を継続させる。

▼不動産投資デビューは若いほど有利。

▼混乱相場ではインカム狙いで、結果的に値上がり益も得よう。

▼コロナショックはまだまだ続く！　次の混乱相場に備えよう。

おわりに

本書を読まれて、投資に対してどのように感じられましたか。

知らないことが多々あったのではないでしょうか。

「早く知りたかった！」とか「こんな感じでお金は増やせるんだ！」とか。

あるいは逆に、「自分には無理……」とか「ちょっと難しそう……」とか、感想はいろいろあると思います。限りあるページのために、一読してすべてを理解するのは難しかったかもしれません。ただ、公務員やサラリーマンといった方々が投資をする優位性だけは伝わったのではないでしょうか。

まずは、できることからはじめ、1万円、いや千円でも収入を増やすことができれば十分だと私は思っています。できることから始めれば、本書を読んだ方は必ずそれなりのリターンを得られるはずだと自負しております。なぜなら、本書で公開した投資ワザによって、私自身が長年にわたり結果を出し続け、1億円つくれることを証明してきたからです。

もちろん、「一向にお金が増えない」ということもあるでしょう。その場合は、今一度ゆっくり本書を読み返せば、必ずヒントやら突破口は見えてくると思っております。焦りだけは禁物であります。

なお、本書はありきたりのアーリーリタイヤやセミリタイヤといった類の書籍でなく、働き続けるからこそ稼げるといったある意味、逆転の発想の書籍であり、一刻も早く、満員電車やら組織のしがらみを脱出したい内容の書籍にはなっていないことだけはお詫びいたします。

繰り返しになりますが、投資においては、公務員やサラリーマンは時間を味方につけることができる最高の兼業投資家でありますから、決して慌てた行動や焦ることはやらず、ゆっくりとできることからやって頂ければと思います。

最後になりましたが、本書の執筆にあたりインタビューに応じていただきました個人投資家の方々、制作にあたり協力いただきました出版社や製作スタッフの方々に御礼申し上げます。

２０２０年７月　東条駿介

［著者］
東条駿介（とうじょう・しゅんすけ）
元地方公務員兼投資家。東京都下の某市役所で管理職を務めながら、株式投資と不動産投資で２億円超を稼ぐ。新聞社主催の株式投資コンテスト「株−１グランプリ」では、並み居るプロ投資家を抑えて３年連続の優勝を誇るなど、銘柄選別眼に定評がある。特にコロナパニックで日経平均株価が大暴落していた2020年３月に、資産を126.9％増やす成果をあげて優勝。混乱相場に強いことを証明し、購入銘柄が逐一注目された。

＊本書は2020年５月時点で著者が知りうる情報、制度等を基に作成しております。投資に関しては自己責任で行ってください。本書および本書に登場する情報元を利用してのいかななる損害等について、著者および出版社、制作協力者は一切の責任を負いません。また投資に関する質問や相談は取引先の金融機関や当該の企業へ問い合わせください。

超お買い得になった株と不動産で１億円つくる！
——株−１グランプリ優勝３回のサラリーマンの㊙投資術

2020年７月15日　第１刷発行

著　者——東条駿介
発行所——ダイヤモンド社
〒150-8409　東京都渋谷区神宮前6-12-17
https://www.diamond.co.jp/
電話／03·5778·7233（編集）　03·5778·7240（販売）
装丁・イラスト—和全(Studio Wazen)
本文デザイン・DTP—大谷昌稔
製作進行———ダイヤモンド・グラフィック社
印刷————新藤慶昌堂
製本————ブックアート
編集担当——鈴木 豪

ISBN 978-4-478-11018-8

東条駿介が
おススメする
アフターコロナ相場で狙う銘柄30

後編

＊特別付録は前編と後編に分かれています。袋とじとなっていますので、ハサミ等で気をつけて開けてください。内容については著者が2020年5月末時点で知りえた情報を基にしたものです。投資は自己責任で行ってください。

株価データは2020年6月22日終値。チャート協力：楽天証券MARKET*SPEED* Ⅱ

東条が狙う銘柄⑮

自動車内装品の大手

河西工業

(東1・7256)

株価	458円
最低投資金額	4.6万円
PER	― 倍
PBR	0.32倍
配当利回り	5.90%
優待利回り	2.18%

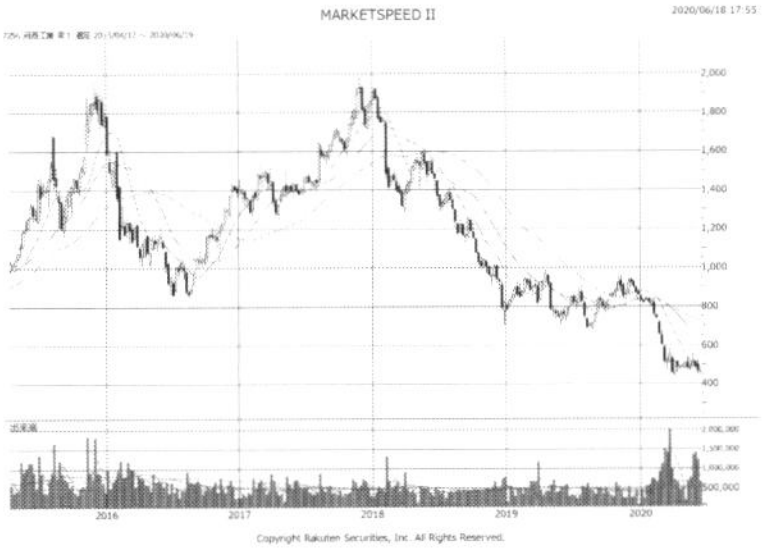

東条のコメント

高配当優待銘柄として一考を。株価500円割れでの購入であれば、優待合わせ利回り7%超は今後の減配があったとしても痛手は小さい。業績は当面厳しそうだが、株価についてはPBR0.32倍が下支えとなりそう。

東条が狙う銘柄⑯

クセのある値動きの海運銘柄

明治海運

(東1・9115)

株価	337円
最低投資金額	3.4万円
PER	6.4倍
PBR	0.62倍
配当利回り	1.48%
優待利回り	― %

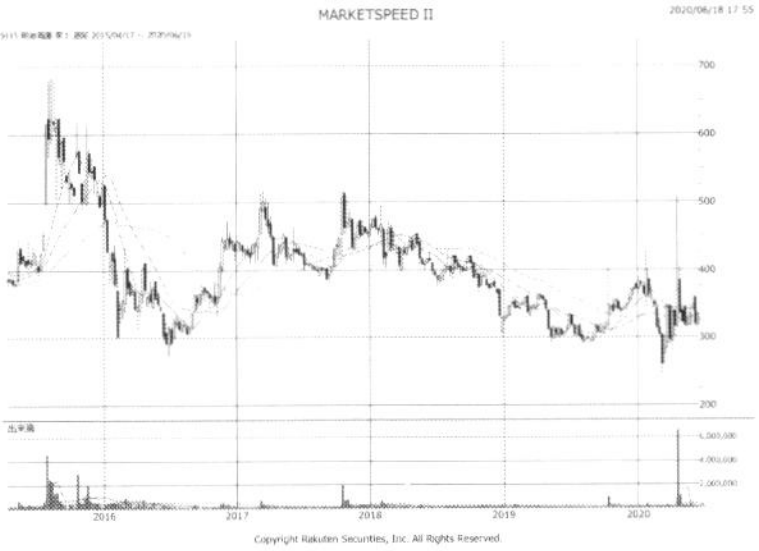

東条のコメント

コロナ騒動でも業績に大きなマイナスはないことから、350円以下で購入したい。PBR0.62倍。手が出しやすい投資金額だし、低位の海運株特有の突然の爆騰時の売却狙い。

東条が狙う銘柄⑰

GMOクリック証券など運営

GMOフィナンシャルホールディングス

（JQS・7177）

株価	628円
最低投資金額	6.3万円
PER	12.2倍
PBR	2.02倍
配当利回り	4.11%
優待利回り	最大47.7%

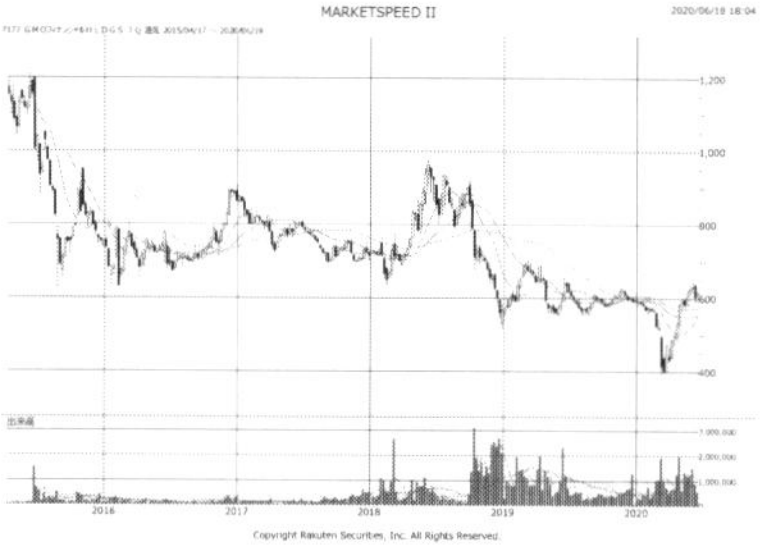

東条のコメント

業績は堅調なので500円割れなら購入。GMOクリック証券等の手数料優遇の株主優待狙いなら、600円台でも100株購してもいい。株式やFXの出来高が増えてくるなら800円台も狙える。

東条が狙う銘柄⑱

歴史ある金属や機械の専門商社

ラサ商事

（東1・3023）

株価	902円
最低投資金額	9.1万円
PER	6.17倍
PBR	0.63倍
配当利回り	4.21%
優待利回り	0.55%

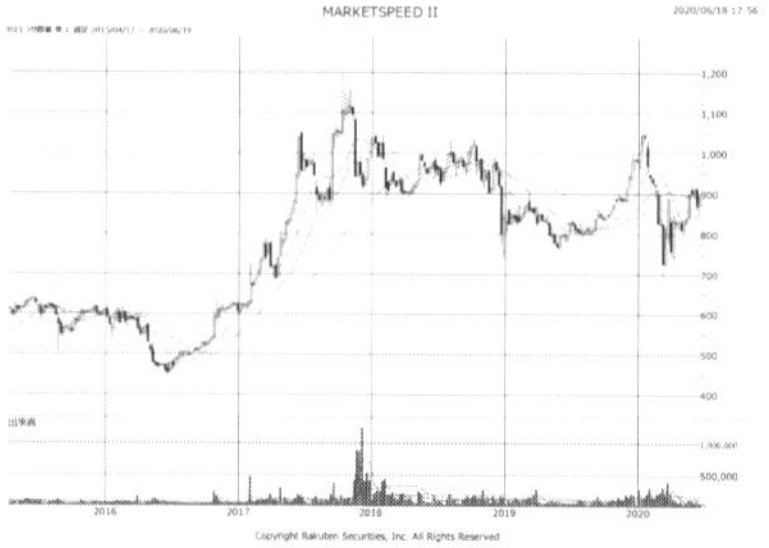

東条のコメント

業績は堅調、PBRも0.7倍割れなので、800円割れで優待と合わせて利回り5%超えを1つの投資目安に。1年以上の長期保有で優待品のQUOカードは500円から1000円へと2倍になる。

東条が狙う銘柄⑲

優待利回りは最大70%超！

モーニングスター

（JQS・4765）

株価	385円
最低投資金額	3.9万円
PER	25.9倍
PBR	3.58倍
配当利回り	3.90%
優待利回り	最大74%

東条のコメント

350円程度であれば下値リスクも少なく高配当銘柄での購入。優待品の株式新聞6カ月無料購読狙いなら優待利回り74%！　株式投資のインフラとして100株購入するのもよし。

東条が狙う銘柄⑳

衣料と雑貨のチェーン店

パレモ・ホールディングス

（東2・2778）

株価	234円
最低投資金額	2.4万円
PER	8.0倍
PBR	0.75倍
配当利回り	5.13%
優待利回り	300株保有で1.42%

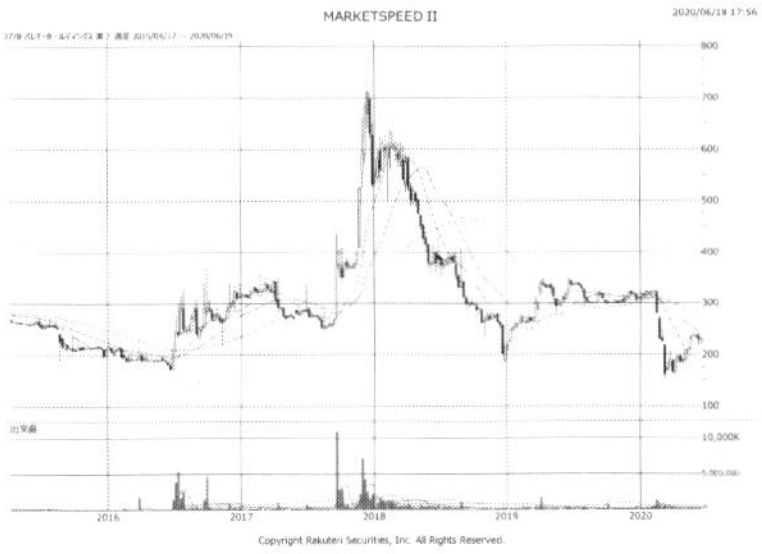

東条のコメント

低位株とテクニカル的に250円くらいまでは100株購入狙い。減配はあるかもしれないが、無配にならなければこの価格帯は魅力的。PER5倍台、PBR0.7倍程度なので、いつか見直されることを期待するのも一法。

東条が狙う銘柄㉑

都心型の家電量販店でヨドバシカメラと双璧

ビックカメラ

(東1・3048)

株価	1,175円
最低投資金額	11.8万円
PER	14.8倍
PBR	1.54倍
配当利回り	1.70%
優待利回り	1.70%

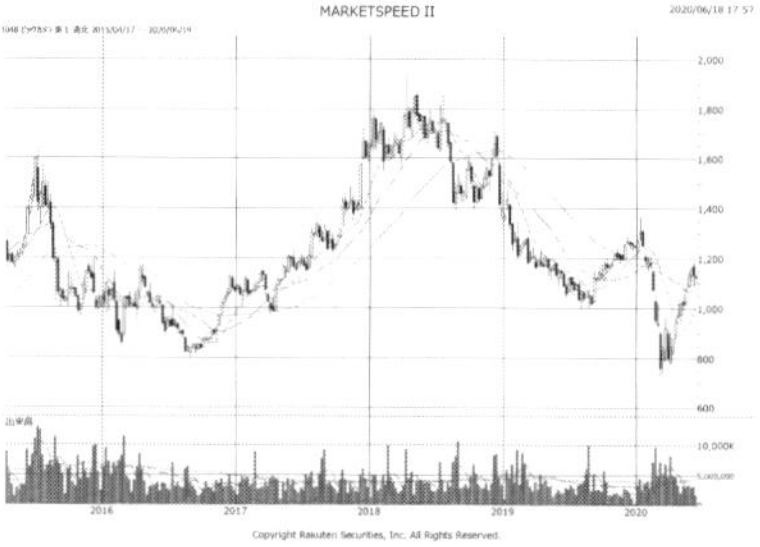

東条のコメント

中長期保有かつ優待を自己消費できるなら株価1000円割れでの購入。それ以外の方は900円以下での購入。

東条が狙う銘柄㉒

バス向け運賃機器の大手

小田原機器

(JQS・7314)

株価	459円
最低投資金額	4.6万円
PER	7.2倍
PBR	0.37倍
配当利回り	4.14%
優待利回り	― %

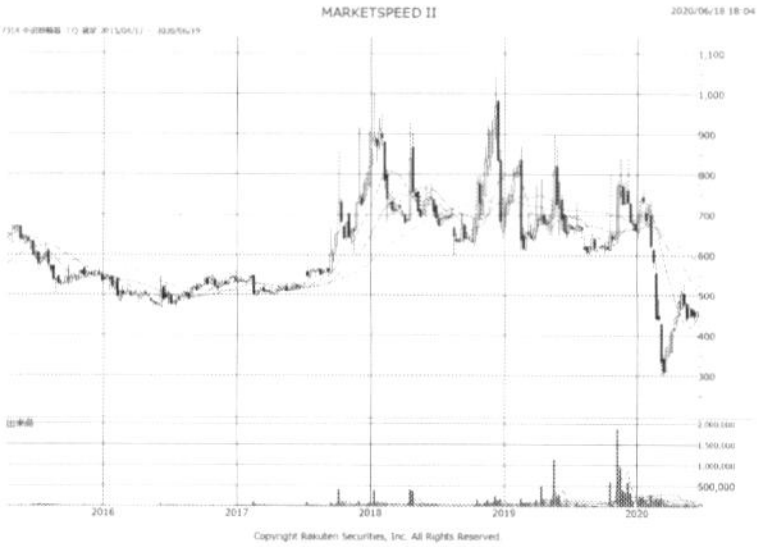

東条のコメント

マイナー銘柄だが、底値ゾーンで株価下落は限定的。PBR0.37倍も下支え。キャッシュレス化対応など市場拡大も期待できるが、株価をよく見て400円割れなら全力、500円超なら見送りというところ。

東条が狙う銘柄㉓

美術品オークション大手

Shinwa Wise Holdings

(JQS・2437)

株価	437円
最低投資金額	4.4万円
PER	ー 倍
PBR	1.52倍
配当利回り	0.69%
優待利回り	ー %

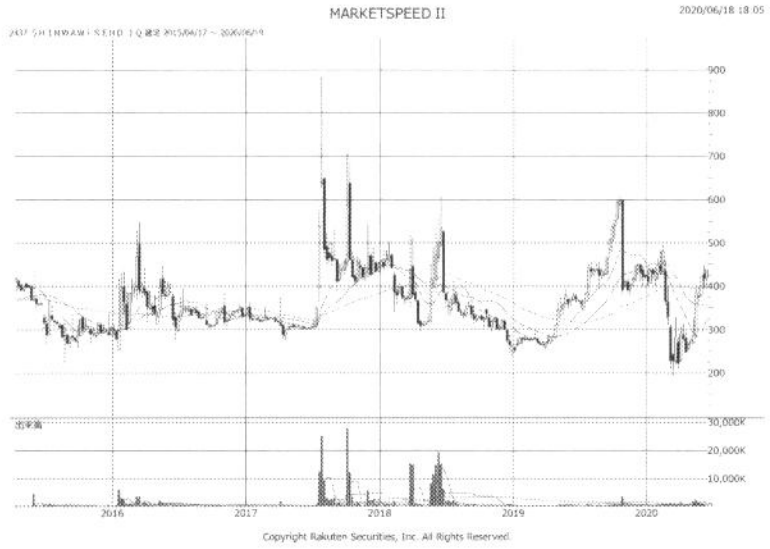

東条のコメント

株主総会での議決権行使で500円のクオカードが貰えます。(2018年、2019年は実施)。業績は弱含みのため上値追いより再び株価300円割があったら100株購入というところ。3万円を投資して、景気回復時の株価高騰狙いで。

東条が狙う銘柄㉔

スポンサーや投資先が魅力のリート

エスコンジャパンリート投資法人

(東証・2971)

株価	109,000円
最低投資金額	10.9万円
PER	16.0倍
PBR	1.09倍
配当利回り	2.60%
優待利回り	ー %

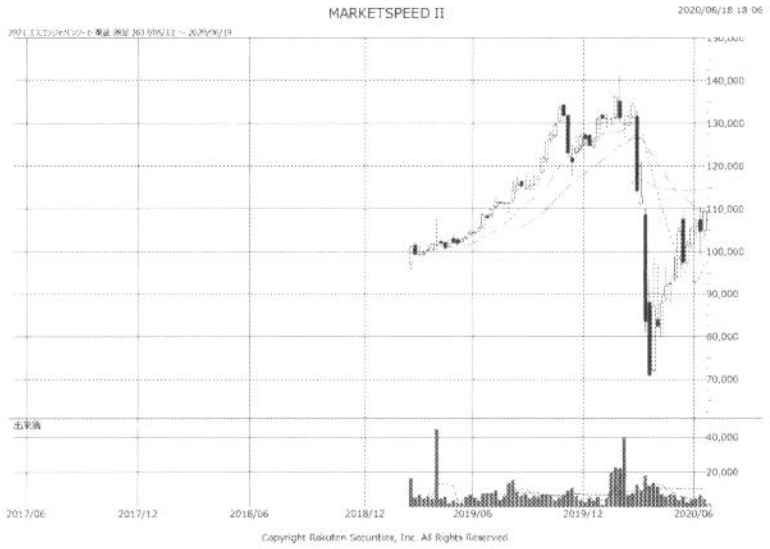

東条のコメント

中部電力計の日本エスコンがスポンサー。土地建物と底地が半々となるポートフォリオ構成方針から株価の下落が小さい高配当利回りリート。10万円以下であれば1口、9万円以下であれば複数口の購入を。

東条が狙う銘柄㉕

イオン系モールがメインのリート

イオンリート投資法人

(東証・3292)

株価	117,600円
最低投資金額	11.8万円
PER	19.3倍
PBR	1.06倍
配当利回り	5.20%
優待利回り	ー %

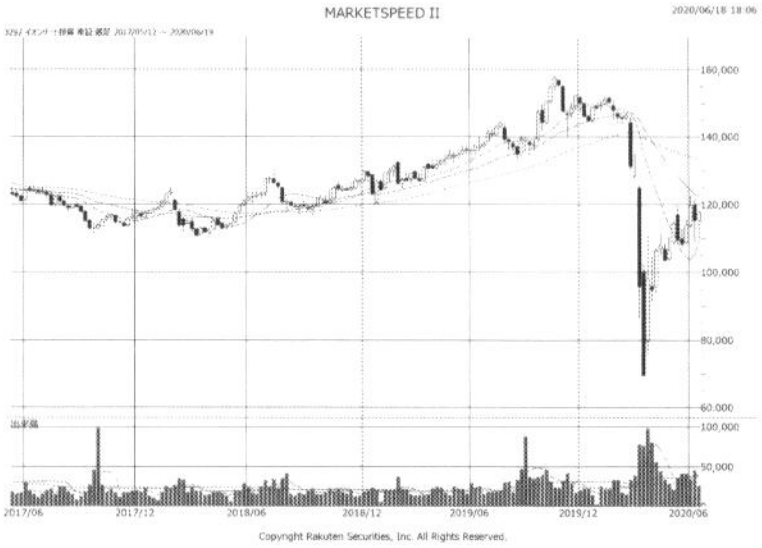

東条のコメント

商業系リートの一角。賃貸借期間20年の固定賃料で建物を一括して借り上げるため、安定した賃貸収入。10万円割れの購入であれば、分配金利回りは6.2%近くなる。

東条が狙う銘柄㉖

業績安定の物流系リート

伊藤忠アドバンス・ロジスティクス投資法人

(東証・3493)

株価	131,800円
最低投資金額	13.2万円
PER	27.7倍
PBR	1.30倍
配当利回り	3.07%
優待利回り	ー %

東条のコメント

伊藤忠商事系の物流施設リート。コロナ騒動でも荷動きは減らず、むしろ効率的な最新物流施設の人気は高まる傾向に。とはいえ上値追いは厳禁。10万円割れまで待ち、理想は分配金利回り5%となる9万7580円でまずは1口購入。

東条が狙う銘柄㉗

株主上位に日本経済新聞社

ウィルソン・ラーニングワールドワイド

（ＪＱＳ・9610）

株価	184円
最低投資金額	1.9万円
PER	― 倍
PBR	0.56倍
配当利回り	― %
優待利回り	― %

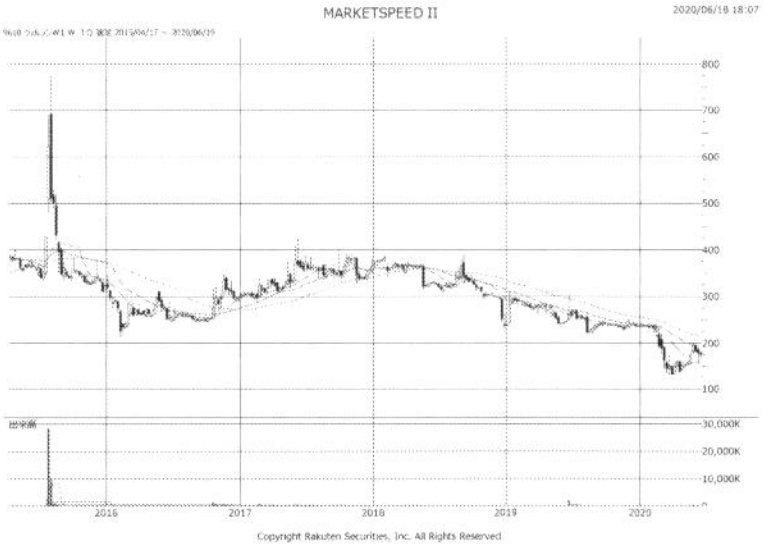

東条のコメント

社員教育支援会社。PBR0.5倍台。株主に日本経済新聞社。株価100円台で100株ならここからの株価下落も放置の範疇。むしろ経済正常化で株価大化けを期待しつつ、塩漬けでも面白い。

東条が狙う銘柄㉘

多彩なジャンルの飲食店を展開

クリエイト・レストランツ・ホールディングス

（東1・3387）

株価	756円
最低投資金額	7.6万円
PER	110.3倍
PBR	8.67倍
配当利回り	0.40%
優待利回り	5.29%

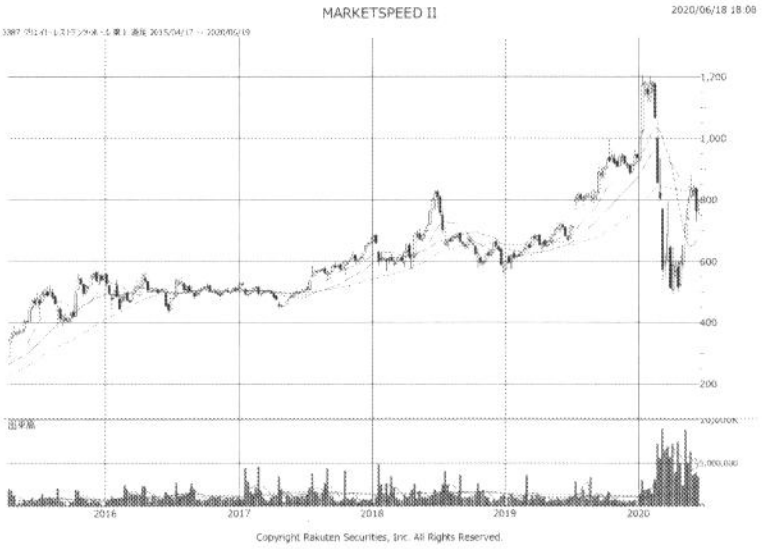

東条のコメント

コロナの影響で外食産業の業績は不透明なので、株価が再び大きく下落した時に考える銘柄。優待継続から下押し時の666円くらいの優待利回り6%の100株購入が最強。700円超の深追い購入は避けたい。

東条が狙う銘柄㉙

レストランやカフェを展開

バルニバービ

(東マ・3418)

株価	925円
最低投資金額	9.3万円
PER	26.3倍
PBR	2.78倍
配当利回り	0.81%
優待利回り	2.16%

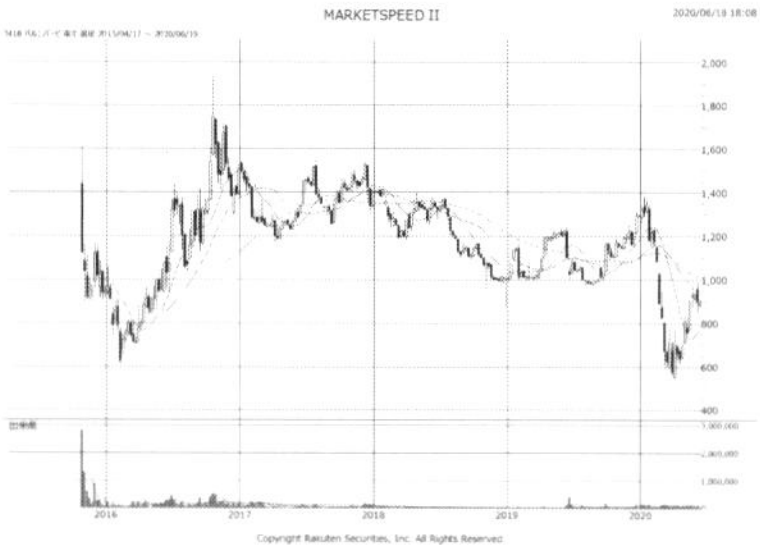

東条のコメント

おしゃれ系のカフェ、公園や水辺への出店など独自性のある外食運営で潜在力あり。株価が800円を割ってくるようだと業界再編のTOBなども期待される。優待も楽しく、優待狙いなら選択肢が広がる200株購入がおススメ。

東条が狙う銘柄㉚

1円で買い2円で売れるか…

WisdomTree　天然ガス上場投信

(東証・1689)

株価	2円
最低投資金額	0.1万円
PER	― 倍
PBR	― 倍
配当利回り	― %
優待利回り	― %

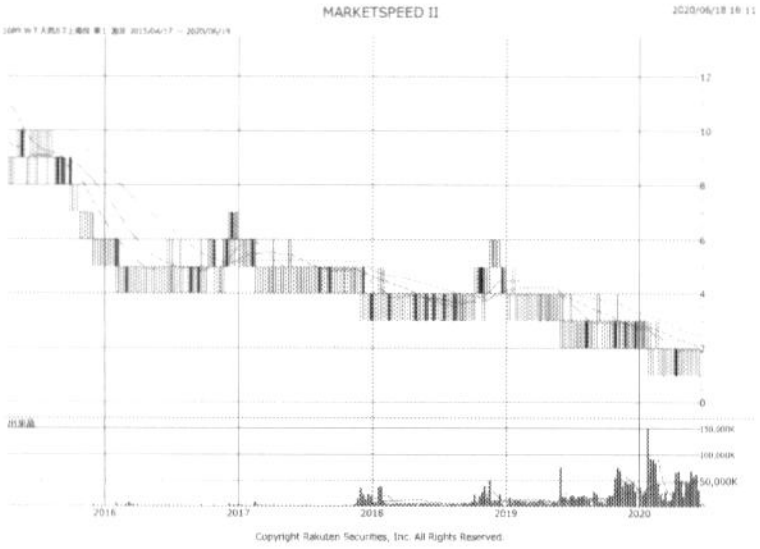

東条のコメント

株価1円の指値で発注して放置。約定したら2円の指値で売り抜け。なかなか買えませんが、株価1円で購入できれば儲けもの。マネーゲームだが、注文の練習として、また株価や市場に関心を持つきっかけやウオッチする習慣を着ける道具として。